Don Antonio Mazzi

COME ROVINARE UN FIGLIO IN DIECI MOSSE

A Mauro e Sarah perché anche un solo buon consiglio, ignorato prima, può essere prezioso per le migliore educazione dei carissimi Massimo e Francesco. S. Natale 2005

SAN PAOLO

© EDIZIONI SAN PAOLO s.r.l., 2005
Piazza Soncino, 5 - 20092 Cinisello Balsamo (Milano)
www.edizionisanpaolo.it
Distribuzione: Diffusione San Paolo s.r.l.
Corso Regina Margherita, 2 - 10153 Torino

Introduzione

I bambini visti da terra

Conosco tre tipi di bambini:

- **I bambini bambini.** Belli, paffuti, con le candele al naso, giocano con tutto quello che trovano per casa. Sorridono a tutti e tirano i baffi al gatto.

Questi bambini (io speriamo che) abbiano genitori che li educhino a crescere con uno sculaccione in più, una caramella in meno, tanta serenità attorno e un niente di capricciosità (!?).

- **I bambini viziati.** Sorridono poco, litigano per tutto. Hanno la nonna, la zia, il babbo, la mamma che fanno una sola cosa: li accontentano. «Purché ci lascino in pace... torniamo stanchi dal lavoro... e poi i bambini vanno accontentati. Lo diceva anche un certo famoso professore americano di cui non ci ricordiamo più il nome. Se lo diceva lui...».

Per questi bambini, domani, il capriccio sarà più importante del dovere, dello studio, del cibo, dello sport. Vorranno tutto, sempre, subito.

- **I bambini "dotati".** Quelli che imparano a leggere a pochi anni, che sanno due lingue già da piccoli, che parlano un italiano forbito, che guardano la televisione e i programmi degli adulti. Hanno la loro cameretta stipata di giocattoli elettronici, usano il computer meglio di papà. La mamma, quando parla di loro, si passa la lingua sulla labbra, rosso cupo, come se prelibasse un aroma pregiato.

Questi bambini non sono mai stati bambini. Poveretti!

Tra le cose che vorranno provare la seconda e la terza categoria di bambini, quando saranno adolescenti, ci saranno anche lo spinello, le pasticche, l'alcol. Perché, mi dirai? I secondi perché per loro tutti i capricci vanno provati.

I terzi perché loro sono grandi e sanno quello che fanno, sanno quando incominciare, quando smettere, le scelte da compiere, i rischi da correre. Perché loro non hanno bisogno dei consigli di nessuno. Se erano già grandi da piccoli, come potrete farli diventare "piccoli" da grandi?

Io, invece, adoro la categoria dei bambini bambini, e spero che quando saranno grandi, nel 2020, non si fumerà più, non ci si ubriacherà più e non ci si drogherà più. E ai magistrati di turno potranno gridare, sorridendo: «Ma perché non vai a farti un bagno?».

È tutto qui il perché non parlo di droga libera, controllata, leggera, pesante. La droga è "cacca". Meglio la cioccolata al latte... Anche senza il permesso del medico!

I bambini visti dal cielo

I figli sono come gli aquiloni. Li confezioniamo sul tavolo di casa. Belli, perfetti, coloratissimi, rifiniti in tutti i minimi particolari.

Per una decina di anni, sempre attorno al tavolo di casa, curiamo la crescita dell'aquilone figlio. Danza, dentista, sport, vestiti griffati, zainetto, prima comunione con pranzo luculliano, equitazione, oratorio, preghierina, colloquio con lo psicologo (così per scaramanzia!). Giorni, settimane, mesi a perfezionare l'aquiloncino.

E ancora! Inglese, chitarra, scoutismo, un po' di volontariato, un fratellino adottato a distanza. Cosa non fanno le mamme perché esca un capolavoro di figlio!

Fin qui ho descritto la mamma quasi normale, quella che esiste veramente in tante case italiane: educatrice iperprotettiva, preveggente, sulla quale possiamo fare osservazioni e battute, ma che funziona. Però, non posso dimenticare che, in contemporanea, c'è anche un aspetto deteriore di mammità sepolto, nascosto, camuffato, isterico, che si intrappola tra l'oratorio e i compiti di scuola, distruggendo tutte le precedenti fatiche.

È la mamma dei telepremi, dei capricci soddisfatti, del leccalecca, dei popcorn a tutte le ore, della ciclette terapeutica, della "storica" giustificazione per l'assenza del sabato mattina o del giorno prima del ponte "per indisposizione", della cameretta strapiena di giocattoli, compreso quello visto nello spot della sera prima, della televisione sopra il letto, del computerino (ce l'ha anche il cuginetto!), della cena personalizzata, cioè: all'ora che vuole lui, con il menù che vuole lui, a dispetto di papà e fratelli vari…

Arrivato verso i dieci anni, il capolavoro di figlio, ampiamente esaudito in tutti i minimi capricci dalla mammità insulsa, chiede spazio e aria diversa.

E qui la mammità sclera, impazzisce, si sconcerta. Non aveva nemmeno lontanamente messo sul conto, anche se tutto il mondo ne parlava, che l'aquilone-figlio fosse nato per staccarsi dal tavolo di casa, alla ricerca di spazi suoi di libertà.

Come farglielo capire, alle mamme sbagliate, che l'aquilone deve conquistarsi un posto fuori casa?

Nessuno è ancora riuscito in questa impresa ciclopica. La mamma vuole il suo aquiloncino decenne, ventenne, trentenne sul tavolo di casa, per gli ultimi ritocchi... Al massimo si può ricavare la mansardina, con porticina indipendente, sopra la camera di mamma...

«No, non ditemi queste cose! Siete stati voi, psicologi, preti, insegnanti, parenti invidiosi, a inventarvi questa uscita precocissima dell'aquiloncino. Questo eterno bambino di venti, trenta, trentacinque anni, cosa farà da solo? Chi gli farà da mangiare? Chi laverà la sua biancheria? Con le ragazze d'oggi, troppo autonome, svampite, incoscienti, meglio la mamma... Con i ragazzi d'oggi, senza lavori degni di loro, pagati poco, precari, insicuri... solo la mamma può accudirli...».

Da qualche tempo, la parte più evoluta del movimento moderno delle mamme si sta impegnando attorno a un progetto fortemente innovativo: predisporre un filo in materiale speciale che conceda il massimo della sicurezza ai voli degli aquiloni cicciobelli.

Il dibattito stranamente si sta rivelando vivace, raffinato, incerto, contraddittorio. Per volare nei cieli moderni, con tutto ciò che succede lassù, ci vuole un filo specialissimo. Anche lo spessore ha la sua importanza. Ed è proprio qui che si sta infuocando il dibattito.

Le mamme tecnologiche sono sicure dei "fili" moderni, esili ma robustissimi, le mamme vecchio stile vogliono la robustezza delle fibre insieme allo spessore dello "spago". La resistenza alle intemperie della società 2000 deve garantire la massima sicurezza, anche davanti a Bin Laden (si fa per dire!).

Il movimento, qualche giorno fa, alla soglia della rottura, ha trovato un escamotage: lanciare un concorso internazionale a premi, tra le ditte di filati speciali, per la creazione di un filo talmente sicuro da sedare le ansie delle mamme! Riusciremo nell'impresa?

Intanto il mammismo impera!

Prima parte

SE VOLETE
CRESCERLO MALE
FATE COSÌ

Accontentatevi del 6-

C'è un aspetto molto problematico che taglia tangenzialmente tutto il lavoro degli educatori: è l'incapacità di ricavare il meglio dai nostri ragazzi o dai nostri figli.

Ci accontentiamo del cosiddetto "sei meno". Oppure, per la paura che nostro figlio ci disturbi, o richieda troppo, lo inseriamo in quell'area di mediocrità o in quel mondo incolore che caratterizza la società degli ultimi anni. Ironia: questo mondo incolore viene chiamato "normalità". Per spiegare meglio questo concetto, ricorro a una paraboletta.

Si racconta che un uomo trovò un uovo di aquila e, poiché nel suo cortile v'era solo un serraglio per galline, depose l'uovo di aquilotto tra le uova delle galline.

L'aquilotto nacque con la covata dei pulcini e crebbe per qualche tempo insieme a loro: pulcinotto tra i pulcini, un po' più impigrito di loro e faticosamente inseribile, perché a mano a mano che cresceva la sua "cilindrata" occupava quasi tutto il pollaio.

Fece tutto quello che facevano i polli, fino a identificarsi con loro. Razzolava in cerca di insetti, chiocciava e faceva "coccodè" come le galline, agitava le ali alzandosi di poco da terra come i polli e dormiva nell'angolo in attesa del mangime.

Così dalla mattina alla sera, dalla sera alla mattina, accontentandosi appena di svolazzare, nei momenti più euforici della sua giornata, con il volo pesante della gallina.

Passarono mesi, oserei dire anni, e l'aquila diventò vecchia. Vide galline andare e tornare; uova diventare galline. Di tanto in tanto vedeva la mano del contadino rapire le sue amiche, ignorando che qualche ora dopo sarebbero direttamente finite in una pentola.

Un giorno, un po' soprappensiero, in un momento di contemplazione, alzò gli occhi verso il cielo e vide molto in alto volare un uccello magnifico.

Fluttuava pieno di grazia, con due ali immense, tra le forti correnti del vento. Era un gigante stampato nel cielo. Sembrava parlasse con il sole, le stelle, le nuvole. Parlava con il cipiglio di chi comanda e non con la timidezza di chi potrebbe trovarsi lassù disperso e con il complesso della solitudine.

La vecchia aquila, ormai zoppa e piena di reumatismi, lo osservò quasi con riverenza. Per un solo momento guardò in su e poi si guardò. Le venne un dubbio. Poi, come si fa tra amici, chiese alla gallina più vicina:

- Chi è quello?

Il gallinotto gli rispose:

- Ma non ci pensare: tu e io siamo diversi, altra razza! Noi aborriamo i grandi voli, i sogni, i protagonismi. Siamo gente di terra, lavoratori, pragmatisti. Siamo per un uovo oggi, piuttosto che per una gallina domani (!).

L'aquila invecchiò precocemente. L'arteriosclerosi la rese cieca, psicotica e permanentemente triste. Si aggiustò, in qualche modo, nell'angolo del pollaio.

Gli ultimi giorni biascicava, come le era possibile, strane parole: «cielo», «sole», «volo», «vette», «altezze».

Morì, lasciando un grande vuoto nel pollaio. I polli starnazzarono a volo radente, nel tentativo di svolgere le esequie. Per qualche ora, nel pollaio, regnò il silenzio. Poi una gallina annunciò un uovo, con il caratteristico «coccodè... coccodè... coccodè» e tutto fu dimenticato in fretta.

Si racconta che un aquilotto, dal cielo, nei giorni della malattia, fosse volato basso, bassissimo più volte. Si pensò che volesse rapire l'aquila malata. Dall'alto qualcuno aveva capito, ma troppo tardi!

Questo esempio è esuberante. Dice molto di più di quello che volevo dirvi. Dice chiaramente alcune cose.

Nelle scuole, nelle famiglie, nella società di oggi sta succedendo questo: non volendo esplorare bene le ricchezze che stazionano dentro alla testa dei nostri figli, tentiamo il metodo della "omogeneizzazione".

È molto facile che, mettendo vicini gli uni e gli altri, esaltiamo in modo esagerato la metodologia delle pianificazioni anziché la metodologia della personalizzazione.

È molto più comodo fare uguali i diversi, che diversi i diversi.

Diamo a tutti lo stesso mangime (intendendo per mangime non solo il cibo del corpo, ma anche il cibo dell'intelligenza e dell'anima): con il rischio di trovarci giovani potenzialmente eroi, scienziati, dotatissimi, capaci di solcare qualsiasi cielo, ridotti a razzolare pesantemente sulle strade più o meno asfaltate di questa società sempre più insulsa.

E anche le poche volte nelle quali i nostri figli guardano in su, incominciando ad avere nostalgia del cielo, per paura che questa nostalgia divenga un percorso troppo impegnativo per noi e per loro, preferiamo dire: «Non ti preoccupare, quella è una cosa di altri. Tu pensa a razzolare, a mangiare il mangime, a fare "coccodè" e, se proprio ti vuoi alzare, non dimenticarti che non devi superare la rete del pollaio».

Dispensate carezze di seconda mano

Ho letto che molti genitori si lamentano dei figli. Troppo maleducati, irresponsabili, poco riconoscenti.

Ancora una volta il luogo comune diventa notizia. Vorrei sapere dove abita la mamma che non voglia il figlio migliore, più educato, che chieda le cose per favore. Da tutta l'eternità, la filastrocca della mamma è conosciuta.

Mettiamoci una buona volta la mano sulla coscienza e ritorniamo sui passi della saggezza. Qui non si tratta di buona educazione e di galateo, ma di ben altro.

Le case non sono più i templi della tenerezza, ma albergotti rococò strapieni di cianfrusaglie. La tavola è diventata una suppellettile arcaica. Non serve più. C'è la pizzeria sotto casa, i fast-food, il panino farcito, la macchinetta del caffè.

Parlare, tenersi per mano teneramente in casa, riflettere sulle vicende quotidiane, ridendo come ridono i bambini quando vedono i nonni, ascoltarsi come si ascoltano gli innamorati, mangiare due spaghetti espressi, fatti lì su due piedi dal papà, diventato in un battibaleno il migliore cuoco della zona, non è più di moda.

Se il figlio ha problemi c'è lo psicologo, se la figlia non accetta il suo corpo c'è addirittura lo psichiatra. Tempo per i figli non ce n'è più. I genitori avanzano i loro diritti alla libertà e vorrebbero che una banale raccomandazione, fatta magari sull'uscio di casa all'ultimo momento, diventasse precetto irrinunciabile.

Il tempo fugge, la cultura del fatuo troneggia in tutte le vetrine, la nostra coscienza è talmente vuota da non lasciare nessun segno di riconoscimento per i nostri figli.

Fanno paura queste ricerche che non vanno all'osso delle situazioni. Se i nostri figli non sanno amare è perché non sono stati sufficientemente amati. Non possono rispettarsi, perché non sono stati rispettati.

Come rovinare un figlio in dieci mosse

I ceffoni di ieri erano giaculatorie rispetto alle offese che volano dentro casa.

I milioni di giovani che sono andati a Roma per dare l'ultimo saluto al Papa, e i sette milioni che scendono ogni fine settimana in discoteca hanno la stessa faccia e le stesse storie. Tutti ricercano motivi per vivere e per godere. Tutti cercano di riempire i vuoti che l'egoismo degli adulti ha lasciato in loro.

Non esistono giovani santi e giovani sballati. Esistono giovani ai quali abbiamo negato le primogeniture.

Non vogliono, i giovani d'oggi, le carezze epidermiche e isteriche. Hanno il diritto di sentire che la mano della mamma è tutta loro, vuoi quando li accarezza, vuoi quando li spinge e li sollecita.

Troppi papà accarezzano i figli con le carezze stanche e sdrucite perché carezze di "seconda mano". Siamo incapaci di intimità?

I figli non si lasciano imbrogliare. E allora smettiamola di raccontarci le storielle. Vedrete che se ai figli diamo ciò che spetta loro, domani, durante la loro adolescenza, saranno non solo meno maleducati, ma certamente più felici.

Fatevi vedere depressi

Da una ricerca sui bambini e sulle loro solitudini, mi ha colpito e rattristato una constatazione che gli stessi bambini fanno: 52 su 100, infatti, hanno dichiarato che a essere soli non sarebbero loro, ma i loro genitori. I bambini vedrebbero negli occhi degli adulti la frustrazione, la depressione e la stanchezza sentimentale e psicologica (l'aggettivo psicologica lo aggiungo io, per capirci meglio).

Non credo debba passare inosservata questa deprimente sensazione.

In poche parole i nostri figli, molto più svegli e intuitivi di quanto noi pensiamo, ammettono quasi rassegnati: «Cosa possiamo pretendere da una madre e da un padre, poveretti, in piena crisi esistenziale, ripiegati penosamente su loro stessi, incapaci di trovare luoghi e tempi per le loro carezze e le loro intimità amorose?».

Pare non si lascino più affascinare e nemmeno incantare dalle infinite iniziative che i loro genitori prendono per tirare sera. Sarebbero solo palliativi e tentativi banali per riempire il vuoto di comunicazione e la carestia di effusioni genuine.

La ricerca ci dice che 7 bambini su 10 passano le loro giornate ammucchiando attività sportive, studio delle lingue straniere, musica, danza, catechismo e saltando come cavallette da un'auto all'altra e da una struttura all'altra.

I ragazzi hanno allegramente ribaltato i nostri studi, le nostre analisi su di loro. Mi scappa da ridere se penso che da anni andiamo dissertando e sentenziando ipocritamente sulle loro solitudini, i loro disagi, i loro bullismi, le loro paranoie e i loro branchi.

Continuiamo a riempire vergognosamente libri sulla condizione giovanile. Logoriamo le parole che diciamo. Sciupiamo acriticamente i tempi della vita e buttiamo al vento infinite occasioni quotidiane per superare le solitudini nostre e loro. Anch'io vado dicendo che gli adolescenti moderni esigono una presenza più qualificata e motivata degli adulti. Ho sempre predicato e sperato che il ruolo di genitore fosse la prima priorità per chi ha scelto di mettere al mondo delle creature. Pare invece che, nell'ordine dei valori, i nostri figli vengano al terzo o al quarto posto.

Abbiamo, noi adulti, privilegiato caparbiamente il lavoro, un benessere acefalo e uno status symbol sul filo della teatralità, convinti che queste cose ci riempissero l'anima. Ora, invece, siamo più soli di prima. Non ce lo dicono gli psichiatri o gli psicanalisti, ma i nostri figli. E questi non barano!

Trasformate la famiglia in una scatola colma di solitudini

Fare i genitori, in questi tempi, non è il "mestiere" più gratificante.

Droghe, non solo leggere, ma accompagnate da abbondanti bevute di alcol, assunte da un adolescente su tre; branchi di ragazzi e ragazze che per divertirsi ricorrono a violenze, minacce e furti; scuole che iniziano tra scioperi minacciati, probabili occupazioni, cattedre scoperte, docenti demotivati. E, fatto penultimo se vogliamo, ma non indifferente, bambini con pancette esuberanti. Siamo la prima nazione europea che non sa iniziare i suoi cicciottelli a una giusta alimentazione e a una altrettanto giusta attività fisica e sportiva.

Allarmarsi di più per le pancette che per la droga e l'alcol non è da intelligenti. Messe però in fila, le une dopo gli altri, non possono lasciarci indifferenti, perché alla fin fine tutto converge attorno al primato del capriccio. Poveri genitori!

Voglio, quindi, usare questi allarmi non per spaventare di più, ma solo come occasione per tornare a riflettere e a riorganizzare la nostra vita di adulti e la loro vita di ragazzi.

L'inserto di un grande giornale ha riportato tempo fa, regione per regione, lo stato di salute dei nostri figli. Il dato che emerge di più è il pesante malessere dell'anima, che sta colpendo, anche se con modalità diverse, tutti noi.

Sono saltate quelle connessioni educative fondamentali che legavano positivamente i genitori ai figli. Abbiamo tentato di sostituire questi rapporti interrotti con un di più di regali, cibi, e oggetti di ogni tipo. I ragazzi hanno risposto ingrassando, chiudendosi nelle loro camerette, abbassando l'autostima. La famiglia, in pochi anni, si è trasformata da nido caldo e rassicurante in una scatola colma di solitudini. Corriamo ai ripari in fretta. Cominciamo da qualche ora di ascolto in più, ricorriamo meno ai bancomat, e ritiriamo ogni delega alla piazza e alla televisione.

Come rovinare un figlio in dieci mosse

Ripetetegli mille volte al giorno...

1. «NON DEVI MAI FATICARE
   ATTORNO A UN PROBLEMA SERIO».

2. «LASCIA FARE AGLI ALTRI LA PRIMA MOSSA.
   TU PREPARATI A IMBROGLIARLI».

3. «RICORDATI SEMPRE CHE LO SFORZO PUZZA
   DI SUDORE E DI TUTE BLU».

4. «RIMANDA SEMPRE A DOPODOMANI
   QUELLO CHE DOVRESTI FARE OGGI».

5. «NON OFFRIRTI VOLONTARIO, MAI!».

6. «GLI STRAORDINARI VANNO BENE
   SOLO NELLE FINALI
   DEI CAMPIONATI SPORTIVI... DI SERIE A».

7. «L'ESERCIZIO È UNA COSA
   BUONA PER GLI ALTRI».

8-9-10. LE ULTIME TRE REGOLE
   CHIEDONO TROPPO IMPEGNO PSICOFISICO
   E VENGONO QUINDI LASCIATE
   ALLE FURBIZIE INDIVIDUALI.

Mettete la famiglia dopo il lavoro, sempre

Ho letto, tempo fa, un trafiletto su un giornale britannico, degno di ben altra attenzione.

Si diceva che il preside dell'istituto scolastico frequentato dai due figli di Tony Blair, li ha considerati assenti ingiustificati perché sono rientrati dalla vacanza invernale un giorno dopo. Per di più, il preside ha voluto tanto padre *ad limina*.

Meraviglia e stupore, penso, per noi italiani e forse per qualche altro abitante di stati europei, sapendo che tanto padre è andato a prendersi "la severa lavata di capo". Riporto tra virgolette la frase, perché mi pare significativa.

Il premier inglese si è impegnato a non rifare più simili irregolarità.

Non voglio sottovalutare la scuola italiana. Speriamo che il Signore ci assista e faccia sì che non abbia bisogno dell'esercito per placare disordini e irruzioni delle baby bande.

Se i padri fossero molto più attenti e presenti durante l'intero anno scolastico e collaborassero di più perché insegnanti, presidi e figli svolgessero al meglio tutto; e fossero così onesti, parlo sempre dei padri, da evitare distrazioni e sottovalutazioni di norme e regolamenti per loro e per i loro figli, vi sarebbero più serenità e normalità anche nell'importantissimo mondo della scuola italiana.

Una repubblica democratica, che non investe il meglio di sé nell'insegnamento e nell'educazione dei propri giovani, avrà il fiato corto e una totale incapacità di progettare al meglio il suo futuro.

Torno ai padri. È troppo importante una loro presenza nella vita quotidiana dei figli. Troppo spazio viene lasciato alle madri, che devono fare di necessità virtù. Ricordo una frase di Hummel, breve e incisiva: «Il pericolo più grande nella vita di un adulto è permettere che le cose urgenti non lascino spazio a quelle importanti».

La telefonata al cliente, il tagliando della macchina, un passaggio in banca... Battersi e strafare ogni giorno per ottimizzare i nostri impegni professionali non ci garantisce la serietà e il senso del dovere. I padri dovrebbero imparare che mantenersi al top talvolta esige ricercare i piccoli momenti di intimità con la famiglia e il coraggio di dire e di fare con i figli alcune azioni che servono a ridare senso e prospettiva alla vita, oltre la professione. Il cosiddetto elenco dei doveri troppe volte ruba il tempo alle cose importanti che scivolano nella lista d'attesa.

Svegliatevi solo quando è grande

La Cassazione ha dato torto a un padre romagnolo notaio, che rivoleva indietro tutti i soldi spesi per mantenere un figlio all'università. In otto anni, lo sfaticato era riuscito a sostenere solo otto esami. E oggi, ormai quasi trentenne, rientrerebbe in quella categoria dei giovanotti peter-pan, troppo grandi per essere piccoli e troppo piccoli per essere grandi.

Non è stata molto simpatica la messa in scena del padre, anche se non del tutto fuori luogo. Usare tribunali e andare fino in Cassazione lo può fare forse il papà notaio, certamente non povero e cocciuto.

E per questo ne approfitto, perché alcune domande mi premono dentro e voglio anche esternarle insieme con voi. Ad esempio, mi chiedo come un padre possa svegliarsi solo quando il figlio è ormai grande e suppongo viziato. Dove è stato fino ad ora? Perché non ha sviluppato durante l'adolescenza del figlio quei dialoghi formativi e autorevoli che soprattutto in quel periodo potevano aiutare sia lui che il ragazzo a fare meglio il loro dovere?

Mi domando, anche, come possa accadere che migliaia di universitari in Italia considerino il periodo dell'università come una banale modalità per svernare più o meno dignitosamente e signorilmente mantenuti. In questo caso la corte di appello di Bologna ha fissato il mantenimento del figlio in 1.400 euro al mese. Un operaio, padre di famiglia, prende di meno.

Chi aiuterà questi giovanotti a interrogare la loro coscienza e a non vergognarsi dei soldi consumati a "sbaffo" dei padri e dei poveri?

Da qualche tempo la Cassazione è impegnata a dare risposte su questo versante. Alcune non le vedo molto in linea con un sistema pedagogico ed educativo che dovrebbe essere preminente anche tra i manipolatori e gli interpreti delle pandette.

Come rovinare un figlio in dieci mosse

Almeno secondo me, la maggiore età dovrebbe notificare un salto di qualità significativo, segnando un inizio di percorso dei figli più responsabile e meno dipendente dai famigliari. Mi scoccia un po' che noi adulti ci facciamo avvocati gratuiti delle libertà dei figli quando devono godersi i loro sabati sera e le loro discoteche, e poi scompariamo dalla circolazione quando è ora di dire che la vita non è fatta solo di evasioni e di effusioni notturne.

Più ritardiamo le riflessioni sui doveri di ciascuno di noi e più la nostra Italia sarà fragile nelle proposte e debole negli impegni politici e progettuali dei nostri figli, sempre poco attenti ai bisogni degli altri e ai doveri sociali.

Non riprendetelo mai

Compaiono e scompaiono le bande dei nostri ragazzi artificiali e stracoccolati.

Anch'io spero che non ci inventiamo punizioni quasi carcerarie e non si criminalizzino cicciobelli allo zucchero filato.

La mia lettura, molto personale anche se collaudata da lunga esperienza, è quasi banale. Sa molto di luogo comune e forse verrà letta con il sorriso saputo dei genitori duemila.

Questi e altri ragazzi delle "bandine" sono l'esatto risultato della non-educazione, contrabbandata come via alternativa alla visione beghina e repressiva dei genitori vecchio stampo

Nelle nostre case, soprattutto borghesi, si lascia fare ai bambini di tutto e di più: possono distruggere un divano, saltellandovi sopra come forsennati, possono rompere, in un momento di capriccio, un intero servizio di cristalleria, possono sputare in faccia alla sorellina che nega loro il giocattolo, possono deridere la nonna un po' vacillante, tra il sorriso o, quando va meglio, tra la distrazione di genitori e amici.

Poverelli, se ripresi crescerebbero con pesanti complessi di inferiorità! Ce l'hanno dichiarato fior di psicologi, prendendoci per i fondelli! Così i poverelli non solo non hanno complessi, ma crescono come animaletti, senza coscienza, norme e direttive.

La frase spesso ripetuta dai "cicciobelli", come giustificazione dei fatti: «Non abbiamo assaltato una banca...», apre una voragine di dubbi sulla capacità e sulla voglia da parte dei genitori di "esserci".

Troppi adulti sono spaventosamente lacunosi in questo campo. Si è creduto, per tanti anni, che il galateo dovesse essere esercitato solo dai poveri, dai dipendenti, dai nullatenenti, dagli operai.

Ai ceti "forti" ed emergenti si doveva insegnare ben altro. Ed eccoci qui!

Come rovinare un figlio in dieci mosse

Pattuglie di sbandati tredicenni, viziati fin sulla punta dei capelli, giocano con i loro compagni con la stessa strafottenza, violenza e cattiveria con la quale giocavano con le bambole e i gattini durante l'infanzia.

Pochi genitori si sono accorti di tale violenza, perché veniva ritenuta, secondo schemi trapassati, curiosità. Invece era simulazione e imitazione della frequentissima violenza che avevano visto e assorbito dal video.

Purtroppo questi giovanottelli non sono né cretini, né deficienti, come qualche assessore comunale ha dichiarato.

Sono figli della strafottenza borghese, dell'assenza di testimonianze vissute da parte dei loro genitori, del vuoto di indirizzi e di priorità: mancano concretamente di personalità e di carattere. Non è possibile che per sentirsi qualcuno i nostri figli debbano rifugiarsi nella banda. Non sarà facile né tantomeno breve il nuovo cammino che insieme dovremo intraprendere.

Vediamo di non banalizzare da un verso e di non enfatizzare dall'altro. Evitiamo titoli indebiti e roboanti.

Torniamo, in casa e in classe, a insegnare "le buone maniere", magari testimoniandole noi, per primi.

Iperproteggetelo

Un padre separato si è stufato di pagare 750 euro al mese al figlio quasi trentenne laureato, già titolare di una quota di investimento pari a 258 mila euro, che rifiuta vari posti di lavoro perché sempre alla ricerca di master e specializzazioni. I giudici danno ragione alla insoddisfazione del coccodimamma, e poiché il padre è un ricco professionista napoletano, deve continuare a mantenerlo.

Non discuto sulle ricchezze del padre, discuto, invece, su questa deleteria visione iperprotettiva e delirante nell'educazione dei figli.

Se si deve punire il padre separato o se si deve gratificare e sostenere la madre, lo si faccia in altro modo. Le leggi italiane offrono ampie possibilità di assistenza al coniuge abbandonato.

Frastuonano, comunque, sentenze di profilo populista e veterocasareccio.

I nostri figli vanno educati bene presto. La maggiore età deve essere un traguardo in tutti i sensi.

Come rovinare un figlio in dieci mosse

Cari padri, siate più deboli che potete

Da qualche tempo la figura del padre ritorna volentieri agli onori delle cronache e delle riflessioni degli illuminati. La paternità, messa in crisi dalle rivoluzioni sessantottine e dalla voglia ideologica di ucciderla perché causa delle rovine famigliari, nazionali e internazionali (sempre secondo alcune pensate sessantottine) è rimasta per tutto questo tempo debole e defilata. Il re, nudo e privato della secolare pedana autoritaria, non è ancora riuscito a sostituirla con una leadership autorevole, capace di ricollocarlo con dignità e dopo un ventennale bagno purificatore, al posto che gli si addice.

Anzi, col passare degli anni, non solo è rimasto privo di pedana, ma ha fatto di tutto perché la tanto invocata autorevolezza non germinasse. Troppa fatica, per un Re Travicello, sostituire l'umiltà al comando. Riproporsi al fianco dei figli e della famiglia come compagno di viaggio brizzolato non solo in testa, ma anche dentro al cuore a causa dei frustranti pesi quotidiani, non gli sembra ancor oggi sufficientemente gratificante.

Colgo ad arte la riflessione sui padri e le loro debolezze per dare voce all'ennesimo allarme sul bullismo dei nostri figli. All'interno delle scuole elementari e medie sono state evidenziate tre forme di bullismo: fisico, preferito dai maschi; psicologico-verbale, più adottato dalle femmine e "indiretto" sottoforma di mobbing, egualmente diffuso tra i due sessi.

Sono stanco di leggere ricerche sui disagi dei nostri figli e sui soprusi che alcuni ragazzetti esercitano sui più deboli, privilegiando le denunce alle azioni concrete.

Non limitiamoci ad aspettare alla foce le tragedie che pure si allargano e si radicalizzano, ma rinforziamo ogni elemento che favorisca il benessere, i valori e lo spessore interiore della vita dei nostri giovani. Per fare questo, la famiglia e la scuola non possono essere citate in un modo riempitivo e parenetico, solo quando i figli diventano bulli. La famiglia deve essere ricollocata nel ruolo suo proprio, cioè di crescita e di educazione delle giovani generazioni.

Urge inventare una politica non solo della famiglia ma dell'intera società, che produca sistemi a rete tali da rispondere con urgenza a quattro bisogni fondamentali: corsie preferenziali ai giovani, organizzazione dei servizi, rimodulazione dei tempi della scuola e del lavoro, formazione permanente e rottamazione di interi quartieri cittadini nati solo per arricchire i palazzinari e moltiplicare i branchi dei bulli e le gang a rischio.

Convinciamo gli adulti a fare gli adulti e diamo al tempo libero tutto il peso e l'importanza che si merita. Rendiamo più accoglienti gli spazi dove i giovani possano stare insieme. Attiviamo iniziative significative nei campi della musica, dello sport, degli scambi internazionali e delle avventure positive...

Il surplus di energia che accumulano i nostri ragazzi a causa dell'enorme sviluppo proprio della prima adolescenza, dobbiamo cercare, per primi noi, di farglielo scaricare, incanalandolo in attività sportive impegnative e finalizzate all'armonia del loro corpo.

Le centraline biochimiche a dodici anni iniziano a sparare a velocità supersoniche. Perciò esigono che noi non lasciamo per sei-sette ore al giorno e per sei-sette anni i ragazzi prigionieri dietro un banco e chiusi in un'aula.

Troppo facile per loro accumulare aggressività che, accompagnata da maleducazione, genera quei fenomeni di bullismo che tutti andiamo esecrando.

Non mi stancherò mai di dire che i veri educatori giocano soprattutto la carta della prevenzione e molto meno quella degli allarmismi.

Come rovinare un figlio in dieci mosse

Scordatevi le buone maniere

Suicidio e spregiudicatezza: sono queste le due sponde esterne che delimitano i drammi giovanili degli ultimi tempi.

Vorrei soffermarmi su una delle due sponde, cioè sulla cafoneria pesante e ingiustificata espressa dalle baby-bande. Non sopravvaluterei i fatti, né tanto meno darei etichette roboanti a bambini che giocano a fare i malviventi. Già l'ho scritto. Con la fissa che da tempo mi rende irrequieto, tornerei alla figura troppo sciatta del padre moderno.

Da tempo, i grandi, soprattutto maschi, esternano incoscientemente una disarmante quota di diseducazione.

Trasgrediscono e ignorano le più semplici e fondamentali norme di convivenza civile. Soste in terza fila, sorpassi con il semaforo rosso, parolacce e gestacci inconsulti, battute pesantissime su amici e nemici, conduzione di cani-padroni che sporcano i marciapiedi; lattine e mozziconi buttati dalle macchine; lampeggiare furioso di fari e strombazzate; abolizione voluta della distanza tra due macchine; sigaretta accesa in classe o in luoghi dove è vietato; risposte indignate a chi tenta di fare rispettare le regole; gambe buttate sul tavolo; derisione sistematica del vigile o del poliziotto con sfottìo; e Kawasaki 1000 a tutta velocità e al massimo del rumore.

La lista è appena iniziata e mi sono, per motivi educativi, soffermato sulle infrazioni esteriori e reputate leggere. Invece leggere non sono per niente. Perché ingenerano nei bambini una mentalità trasgressiva, che domani coinvolgerà tutto l'arco delle loro azioni.

Trovo, qui dentro, la causa della cattiva condotta di molti adolescenti, anche di "buona" famiglia.

Vorrei tanto che i padri riflettessero su queste cose "banali". Incominciamo a cambiare da qui, prima di invocare carabinieri e sanzioni proibizioniste.

Se volete crescerlo male fate così 33

Regole d'oro per allevare un delinquente

1. DARE AL BAMBINO FIN DA PICCOLO
TUTTO CIÒ CHE DESIDERA. COSÌ CRESCERÀ
CONVINTO CHE IL MONDO GLI SIA DEBITORE
DI TUTTO IL NECESSARIO PER VIVERE.

2. SORRIDERE DIVERTITI QUANDO RIPETE
LE "PAROLACCE" IMPARATE.
COSÌ SI CONVINCERÀ DI ESSERE MOLTO SPIRITOSO
E AUMENTERÀ LA DOSE.

3. NON DARGLI ALCUNA EDUCAZIONE SPIRITUALE
E RELIGIOSA, ALMENO FINCHÉ NON SIA GRANDE
E POSSA QUINDI SCEGLIERE
E DECIDERE DA SÉ. CON LA STESSA LOGICA,
NON SI DOVREBBE INSEGNARGLI L'ITALIANO:
DA GRANDE PREFERIRÀ PARLARE BANTÙ.

4. LODARLO IN PRESENZA DI AMICI E CONOSCENTI;
COSÌ SI CONVINCERÀ DI ESSERE
IL PIÙ INTELLIGENTE DEI SUOI COETANEI.

5. EVITARE L'USO DEL TERMINE "MALE":
POTREBBE SVILUPPARE NEL BAMBINO
UN "COMPLESSO DI COLPA".
COSÌ, DA GRANDE,
QUANDO SARÀ GIUSTAMENTE PUNITO
PER LE SUE COLPE, CREDERÀ CHE LA SOCIETÀ
È CONTRO DI LUI E CHE LO PERSEGUITA.

Come rovinare un figlio in dieci mosse

6. RACCOGLIERE TUTTO CIÒ CHE LASCIA
   IN DISORDINE: SCARPE, LIBRI, VESTITI.
   FARE PER LUI OGNI COSA,
   IN MODO DA ABITUARLO A SCARICARE
   SUGLI ALTRI TUTTI I PROPRI PESI.

7. LASCIARGLI LEGGERE, VEDERE, PENSARE
   TUTTO CIÒ CHE DESIDERA. DARGLI TAZZE DORATE,
   SENZA PREOCCUPARSI DI CHE COSA
   CI SIA DENTRO DA BERE.

8. LITIGARE SPESSO IN SUA PRESENZA.
   COSÌ FARÀ ANCH'EGLI
   NELLA SUA FUTURA FAMIGLIA.

9. DARGLI TUTTO IL DENARO CHE DESIDERA.

10. SODDISFARE SEMPRE OGNI SUO CAPRICCIO
    IN FATTO DI CIBI, BEVANDE, DIVERTIMENTI...

11. DIFENDERLO SEMPRE, DI FRONTE A MAESTRI,
    VICINI, POLIZIOTTI... DICENDO CHE TUTTI HANNO
    DEI PREGIUDIZI CONTRO DI LUI.

12. QUANDO POI DA GRANDE IL BAMBINO
    SI COMPORTERÀ MALE VERAMENTE,
    VI DIFENDERETE DICENDO: «CON LUI
    NON SIAMO MAI RIUSCITI A OTTENERE NULLA».

Lavatevene le mani

Leggendo gli scontatissimi commenti degli strizzacervelli, rispetto all'assalto dei due studenti di Denver, trasformati in killer per uccidere, sghignazzando, i loro compagni di scuola, fremevo dentro. Alle solite interpretazioni, gli opinionisti, hanno aggiunto, con un favoloso colpo d'ala, la frasetta: «Non vorremmo fare del moralismo». Davanti alla tragedia, più pesante di una guerra, con quindici omicidi, due suicidi, e feriti in quantità, andiamo a prenderci in giro, chiosando con l'aberrante linguaggio politichese, su moralità e moralismo. Siamo più preoccupati di essere tacciati per un di più di cattolicesimo, anziché spaventati per il prevaricare della violenza.

Secondo me, è giunta l'ora di parlare di morale, di coscienza, di presa in carico di responsabilità, pesantemente eluse e barattate.

Inserire, a nostra scusa, l'inquietante dubbio che qualcuno abbia già nel suo Dna il gene di Caino è delirante.

Noi adulti, freddi becchini, forti delle nostre conoscenze sociologiche, dovremmo iniziare a capire che la chiave vera del disorientamento delle nuove generazioni siamo noi.

Ai nostri figli pieni di salute, stracarichi di capricci, vuoti di idealità e di grandi sogni, oppressi da presenze materne ansiose e iperprotettive, orfani di esempi paterni significativi, è rimasto ben poco, oltre la macchina, il telefonino, la discoteca. Hanno aggiunto al loro guardaroba attrezzi che non avevamo previsto: le armi.

Le camerette, intasate di giochi infantili e armi giocattolo, si sono tramutate in raffinate armerie. Mi preoccupa la disattenzione abissale dei genitori verso gli interessi dei loro figli.

Se i fumi del male hanno offuscato il cervello e il cuore dei giovani, è solo perché il terreno dentro il quale sono cresciuti è stato scrupolosamente avvelenato da noi adulti, più attenti a fornire capricci che a proporre impegni e sacrifici.

Come rovinare un figlio in dieci mosse

Sono stati etichettati come figli illegittimi di Dio. Chi conosce appena appena la Bibbia e il Vangelo, sa che Dio va proprio alla ricerca di questi figli. È nato, morto, risorto per riportare all'ovile le pecore smarrite: Dio sa fare il suo mestiere di padre.

Vorrei, invece, inserire un quesito che disturberà ulteriormente il devastato panorama famigliare moderno. Perché non parlare di padri illegittimi?

Sostituendo la vecchia figura di padre illegittimo perché ignoto, alla moderna figura di non padre, legittimo, noto, ufficiale, vero, sotto l'aspetto legislativo e sociale, ma fortemente illegittimo perché incapace di "esserci".

Troppo lontano dallo sviluppo affettivo, intellettivo, fisico dei figli. Troppo estraneo alle fatiche, alle ricerche, alle tempeste, alle doglie adolescenziali. Troppo piccolo per essere un padre vero nel terzo millennio.

Latitate, padri, latitate!

Fino a che punto i genitori sono responsabili dei fattacci perpetrati dai figli minorenni?

In passato Blair, preoccupato per quanto stava succedendo in Inghilterra, ha invocato multe e sanzioni pesanti per i genitori di tali figli.

Non andrei subito sulle sanzioni, ma farei, certamente, alcune riflessioni. Dietro le quinte di tanti piccoli e grandi misfatti compiuti da adolescenti, c'è quasi sempre una figura paterna molto sbiadita.

Il ruolo paterno ha sofferto, più di altri, il collasso dei valori. Gli uomini, o meglio i maschi, viziati dallo storico piedistallo autoritario, esibito come carta di credito, si sono trovati nudi, spogliati degli strumenti e dei supporti, dentro le nuove tipologie della famiglia nucleare.

Con una madre sempre forte e possessiva, al padre è venuto comodo scimmiottare il ruolo materno o ingolfarsi di lavoro.

Non è possibile che i padri scappino come ladruncoli pescati con le mani nel sacco, appena sorgono i problemi con i figli. Accade troppo spesso anche a me di venire tempestato di richieste di colloqui urgentissimi, da parte di giovani padri terrorizzati per infrazioni più o meno gravi compiute dai loro figli.

L'aria disfatta, l'affanno e le frasi micidiali: «Fan tutti così, perché il mio l'hanno beccato?».

Oppure: «Cosa devo fare? Io sono suo padre, non il suo carabiniere».

O peggio ancora: «Sono rimasto solo. Devo fare il padre, la madre, tutto. Così non faccio nulla».

Di padri così i figli non sanno cosa farsene. Diano meno peso al lavoro e allo stato sociale. Al ruolo paterno sono affidate la forza di carattere, la voglia di superare le difficoltà, l'importanza delle regole, le prospettive sul domani.

Come rovinare un figlio in dieci mosse

Non imitiamo Blair, non ce n'è bisogno. Torniamo al dialogo con i figli, alla testimonialità e al coraggio di guardarli in faccia soprattutto quando sbagliano.

Talvolta un'"urlata" vale più di cento prediche.

La parola d'ordine è: "Viziatelo"

Negli ultimi fattacci accaduti tra gli adolescenti, la cosa che più mi colpisce è la cosiddetta normalità delle famiglie nelle quali hanno vissuto la loro infanzia molti dei protagonisti. È vero che sempre primeggia un capo branco, un duro o un bullo, ma è la fragilità dei coetanei che stanno attorno a loro a preoccuparmi.

La delinquenza sta invadendo paurosamente le nostre case, affette più da assenze patologicamente egoistiche che da presenze delinquenziali. Pare che "un'educazione viziata", vuota di impegni, di ideali, di regole, di fatiche, di no intelligenti, ma invece farcita di capricci e debole nei rapporti con i genitori, sia alla radice dei fenomeni.

Troppe sono le famiglie nelle quali papà e mamma o già sono divisi, e quindi lontani l'uno dall'altro, oppure sono divisi nonostante una ipocrita coabitazione.

Bellissime case albergo mi fanno rimpiangere i vecchi casolari dei nostri genitori, quasi analfabeti in fatto di scuola, ma ricchissimi di tenerezze, di consigli caldi e autorevoli.

Dobbiamo tornare ancora una volta a domandarci perché tanti matrimoni naufragano così in fretta e perché tra le prime vittime di questo naufragio vi debbano essere sempre i figli. Dal mio angolo torno a dire che non si allevano i "piccoli" come i funghi o come i polli in batteria.

Non basta la cameretta singola, la palestra fisioterapeutica, l'inglese appreso da signorina di madre lingua.

Non bastano i sospiri e i pianti di una madre che si appoggia al figlio perché "orfana" delle attenzioni del marito.

Quello che conta è lo spessore dei rapporti, una paziente attenzione che sappia seminare gesti e abitudini propedeutiche, la compattezza dei due genitori nel testimoniare insieme che la vita non è una puntata televisiva o il teatrino di tutti i capricci.

Come rovinare un figlio in dieci mosse

Se per fare un fiore ci vuole terreno, acqua, sole e pulizia dalle erbacce attorno, tanto più per fare un figlio.

L'adolescenza è esplosione benefica o tempesta dirompente. Dipende dalle sponde che noi adulti abbiamo alzato insieme con i nostri figli nei loro primi anni di vita, e da quanto queste sponde riescano a contenere amorosamente l'impeto di questo sviluppo adolescenziale e misterioso.

Riservato alle madri: tenete i padri alla larga

Ricevo una lettera da una mamma di una città del nord e, dalla correttezza dello scritto, mi pare una donna con titolo di studio. Riassumo: «...Non capisco questa pressione perché i papà tornino a casa, come dice lei. Ci state rubando gli unici veri spazi: la casa e i figli...».

Il resto della lettera è più o meno su questi toni. Non mi aspettavo un simile attacco. Mi sembrava che riposizionare il padre al giusto posto in famiglia potesse "far comodo" alle mamme. Invece non è così. La lettura che noi facciamo della società è troppo avanti rispetto alla società stessa? Le donne si vivono ancora con la casa "addosso". Hanno, le mamme classiche, quelle più vere, paura di perdere l'unica identità di cui vanno sicure.

In questo modo, a "farne le spese" più di tutti sono ancora una volta i nostri figli. Da una parte pressati da madri troppo madri e poco mogli, e dall'altra trascurati da padri non padri.

In un'intervista che, tempo fa, ho fatto a una nota attrice mamma, mi sono sentito dire: «Il mio uomo è un pessimo marito, ma un ottimo padre!».

Se continuassimo nel ragionamento, potremmo dedurre che o vi sono mariti veri e padri falsi o vi sono padri veri e mariti falsi.

Non so se esistano, in qualche angolo sperduto del mondo, dei mariti veri e dei padri veri.

Io vado contro corrente, e sono sicuro che le prossime lettere che riceverò saranno d'altro tenore. Non è semplice andare d'accordo sull'educazione dei figli. La vita che i due genitori fanno li porta lontani l'uno dall'altro, e le poche volte che la famiglia si riunisce viene assaltata dalle cento cose, banali ma necessarie, che la famiglia stessa esige.

C'è sempre meno tempo per educarci ed educare.

Se il dialogo tra i due coniugi si deteriora, la prima cosa a

Come rovinare un figlio in dieci mosse

scomparire "dall'agenda" è proprio la sintonia educativa. Tutti sanno che, in tali situazioni, la mamma si rifugia nel dialogo consolatorio con i figli e il padre allunga l'orario del lavoro fuori casa. Nel peggiore dei casi, i figli divengono causa di accesissime diatribe tra i due.

Non voglio essere cattivo, tento solo di salvarmi in corner, e di salvare tante altre madri che la pensano diversamente dalla scrivente. Sono quasi convinto che la signora di cui sopra sia nella situazione che vi ho descritto nelle ultime righe.

Ribadisco le mie certezze: senza padri non crescono figli armoniosi e sicuri, capaci di affrontare il mondo in tutte le sue sfumature.

Ai nostri giorni i figli sono deboli, perché i padri sono deboli. Non sono un profeta e nemmeno Pascal. Anche il bottegaio dell'angolo pensa che nel duemila non vi possano essere donne che si attaccano alla casa e al figlio, come i naufraghi si attaccano al pezzo di legno che trovano nell'oceano.

Il mondo offre alle donne opportunità impensate. Se qualcuno corre pericoli oggi, è l'uomo, incapace di riscoprire il suo ruolo, liberandolo dai pesi dell'autoritarismo.

Le otto beatitudini della mamma svampita

1. «HO VISTO LA NUOVA MAGLIETTA D&G?
   UNO SCHIANTO!
   BEATI COLORO CHE SE LA POSSONO COMPERARE!».

2. «HO VISTO L'ULTIMA SMART... CABRIO!
   DA SOGNO. ODDIO, SE POTESSI GUIDARLA!».

3. «BEATI I SINGLE! SARANNO ANCHE BELLI I FIGLI,
   SIMPATICI I MARITI, CARINI I SUOCERI,
   RICCHI I CUGINI! MA VUOI METTERE QUANTO
   ERAVAMO BEATI QUANDO ERAVAMO LIBERI!».

4. «IN VIA VATTELAPESCA,
   HO TROVATO IL CENTRO BENESSERE
   CHE FA PER ME. C'È TUTTO: PARRUCCHIERE,
   PRANOTERAPEUTA, SIGNORA DEI TAROCCHI,
   SAUNA, VISAGISTA...
   BEATI GLI ABITANTI DI VIA VATTELAPESCA!».

5. «CHE NAUSEA LA DOMENICA! DOVE VADO?
   COSA FACCIO? È MEZZOGIORNO E SONO ANCORA
   A LETTO. NEMMENO UN'AMICA, UN AMICO...
   BEATI COLORO CHE LAVORANO
   ANCHE LA DOMENICA!».

6. «DOMANI È IL MIO COMPLEANNO,
   MALEDETTO QUESTO GIORNO!
   GLI "ANTA" MI DEPRIMONO.
   CHI HA INVENTATO VECCHIAIA, OCCHIAIE,
   RUGHE, GRASSO SUI FIANCHI, VENE VARICOSE?
   BEATI GLI ABITANTI DELL'AFRICA
   CHE NON HANNO ANCORA L'ANAGRAFE!».

Come rovinare un figlio in dieci mosse

7. «MIO PADRE MI ROMPE.
   MI VUOL VEDERE SISTEMATA.
   PIÙ SISTEMATA DI COSÌ? HO UN LAVORO,
   HO IL MIO APPARTAMENTO. COSA VUOLE
   QUESTO MATUSA? BEATI GLI ORFANI!».

8. «QUASI QUASI MI LICENZIO
   E VADO A FARE L'ANIMATRICE NEI VILLAGGI ESTIVI.
   SO LE LINGUE, SONO ANCORA PRESTANTE,
   PER NON DIRE BELLA.
   HO UNA GRANDE COMUNICATIVA.
   SAI CHE BELLO? 365 GIORNI SU 365, FESTA,
   GIOCHI, NUOTO, SPORT, SERATE MUSICALI,
   NOTTI FOLLI! PARADISIACO!!!».

Vocabolario educativo (?)

1. «ABBIAMO SEMPRE FATTO COSÌ...!».

2. «QUESTA È CASA NOSTRA, NON CASA TUA!».

3. «NON SVEGLIARE IL CANE CHE DORME (IL PADRE)!».

4. «A PAPÀ NON PIACCIONO LE BRUTTE NOTIZIE!».

5. «DEFICIENTI COME TE CE NE SONO POCHI!».

6. «MI PENTO DI AVERE FATTO UN FIGLIO COME TE!».

7. «NELLA VITA È IMPORTANTE BARCAMENARSI!».

8. «MEGLIO ESSERE BELLI CHE BUONI!».

9. «CON LA BONTÀ NON SI PORTANO A CASA STIPENDI!».

10. «QUANDO CI VUOLE CI VUOLE, C...O!» (TRATTATO SULLE PAROLACCE!).

Mollatelo ai nonni

È certamente simpatica la notizia che quasi il 50% dei bambini è seguito più dai nonni che dai genitori. La radicata abitudine di "mollare" ai nonni i nipoti sta assumendo proporzioni rilevanti.

Mamma e papà lavorano. Portano di prima mattina i bambini a scuola. Dopo la scuola i bambini vanno, di norma, dai nonni. Nel pomeriggio, assistiti dai nonni, i bambini fanno i compiti, contornati da abbondanti dosi di capricci soddisfatti. A sera i genitori se li vanno a riprendere. Anche le domeniche, parte delle ferie, i prolungati periodi di festività, trovano i nonni sempre disponibili e accoglienti, tra la felicità dei nipotini. I nonni moderni, poi, sono più giovanili, più efficienti, più permissivi e votati a dire sempre di sì, anche quando basterebbe un no sottovoce per rimanere non solo nonni ma anche educatori.

Forse ho caricato un po' troppo il quadro, ma non credo di essere andato molto lontano. Se possiamo accettare un peso determinante e riparatore da parte dei nonni laddove la famiglia è infranta, non mi sembra giusto che questa abitudine ormai generale cresca a dismisura, senza la minima riflessione critica.

Sul ruolo dei nonni per un certo periodo si è discusso, talvolta addirittura banalizzandolo. Per fortuna, oggi, li abbiamo ricollocati dentro ai contesti familiari. E, come di solito, per farci perdonare, abbiamo esagerato nei protagonismi.

Nessuno si scandalizza se i nonni sono un po' più accondiscendenti rispetto ai capriccetti dei nipotini. È deleterio, però, quando il tutto avviene a ruoli e a tempi invertiti: se la presenza dei nonni è più massiccia e incisiva di quella dei genitori, rischiamo disorientamenti e conflitti che potrebbero indebolire tutto l'impianto caratteriale dei nostri bambini. Non dobbiamo, inoltre, dimenticare che già a dieci anni, nei ragazzi moderni, appaiono i primi segni dell'adolescenza. A quel punto una presenza debole dei genitori, e soprattutto del padre, distruggerebbe quel poco di bene e tutte le fatiche fatte durante l'infanzia, sia dai nonni che dai genitori. Sottolineo questa riflessione perché vorrei che i genitori usassero molta più attenzione durante l'ultimo anno della scuola elementare dei propri figli.

Se sapessimo anticipare i primi segnali dell'adolescenza, aumentando lo spirito di osservazione e aprendo con i nostri figli dialoghi inerenti al loro sviluppo fisico, psichico, sessuale, affettivo, creeremmo un'intelligente opportunità preventiva. Apriremmo così, con i nostri figli, discussioni su cose delle quali non parlerebbero mai nel pieno della loro adolescenza.

Su questi temi, denuncio lacune imperdonabili e silenzi troppo interessati.

Si giocano qui i nuovi ruoli che i genitori del nostro tempo devono sviluppare. Sono convinto che si diventa padri e madri proprio il giorno in cui i nostri figli ci chiedono di tagliare per la seconda volta il cordone ombelicale.

Se la prima volta il dolore è stato più fisico che psicologico, durante la seconda nascita il dolore frammisto all'amore avrà tutti e due gli aspetti, vuoi psicologici e vuoi fisici.

Come rovinare un figlio in dieci mosse

Arredategli così la cameretta

Una ricerca durata quattro anni, curata dai sociologi di Trento, ci spiega come i figli, se potessero decidere, vorrebbero la loro stanzetta.

Colorata di giallo, di blu, di rosso e di arancione. Con letti a castello altissimi, come fortezze inespugnabili nelle quali rifugiarsi. Lampade disseminate dovunque, sempre accese perché il buio intimorisce i bambini (anche quando non hanno più sei anni).

Gli attaccapanni dovrebbero avere la forma degli alberi e i muri della cameretta dovrebbero avere spazi sui quali dipingere i sogni.

Gli armadi dovrebbero somigliare a tronchi giganteschi e variopinti.

Ecco le cinque tipologie di camerette.

1- La cameretta modello avventura. Sprigiona libertà di esperienze appassionanti, di viaggi extraterrestri, fantasie impensate. Sarebbe la stanza di Tarzan, Peter Pan, Hulk, Robinson Crusoe. E qui i letti sono navi, mongolfiere, caverne, tane, scivoli. Gardaland in pillole.

2- La cameretta ecologica. Alberi, acqua, stelle, amache, barche, conchiglie, telescopi e soffitti apribili per vedere le stelle e i pianeti.

3- La cameretta magica. Maghi, fate turchine, cassetti segreti, doppi fondi, nascondigli, labirinti degli specchi, attaccapanni con occhi luminosi, trabocchetti. Penso sia inutile richiamare Harry Potter.

4- La cameretta romantica. Nella quale è impossibile entrare perché ripiena di tutti i tipi di bambole inventate dall'origine del mondo fino a oggi. La cosa nuova potrebbe essere il letto a forma di cuore, gli armadi a forma di fiore, la scrivania a forma di fungo, il comodino a forma di violoncello.

5- La cameretta tecnologica. Tv, telefonini, cellulari, vasi spaziali, play-station, letti-astronavi, robot che servono la colazione, scrivanie come basi spaziali. Evviva le guerre stellari.

E secondo i genitori, come dovrebbe essere la cameretta di un bambino? Innanzitutto dovrebbe poter essere pulita nel più breve dei tempi e con il minimo della fatica. Che abbia un armadione immenso dentro il quale nascondere tutto. Che ci sia una bella televisione in modo tale che i bambini appena arrivati a casa possano comodamente guardarsi per ore il bussolotto magico. Che si possa trovare in qualche angolo il posto per un divano letto, perché qualche amichetto/a possa dormire, soprattutto nel week-end, con la creatura.

E che una web-cam possa permettere a lor signori di vedere 24 ore su 24 cosa fa il loro tesorino. L'ansia, come ben sappiamo, è la virtù più in evidenza della mamma italiana.

Penso sia inutile dire che la qualità del legno e del mobilio deve essere pregiata. L'angolo più interessante della camera deve poi essere quello dei giochi sofisticati e di volta in volta alla moda.

Se non sbaglio, da qualche tempo va di moda scegliere giocattoli violenti, orridi e di tipo militare.

Credevo non fosse vero, ma in alcune case hanno ampio spazio carri armati, aerei da combattimento, cacciatorpedinieri, tute mimetiche, fucili mitragliatori mescolati insieme con i mostri più disgustosi. Una volta si pensava che le mamme preferissero giochi dolci per i figli. Con il tempo anche loro si sono dovute adeguare a quello che passa il convento e soprattutto ai capricci quasi isterici che i bambini fanno regolarmente davanti alle vetrine dei giochi che contano.

Tenetelo con voi nel lettone

Una mamma mi racconta che la figlia di undici anni dorme ancora nel suo lettone con lei. Bastano queste poche righe per rovinarmi il pomeriggio. Meglio: l'ultima mezza riga. La figlia che dorme nel lettone della mamma a undici anni è disarmante.

Proprio in questi giorni gli psicanalisti mettono in allerta molte coppie: nel lettone i figli respirano un'atmosfera che potrebbe turbarli.

È diritto dei bambini avere uno spazio, in casa, tutto loro. I genitori li devono abituare, il più presto possibile, a sviluppare questa autonomia. Il letto matrimoniale deve rimanere luogo delle intimità coniugali. La paura per il buio, per il silenzio, per la solitudine, è un problema vero che non va sottovalutato dai grandi. Va risolto, però, in altro modo, evitando così gravissimi equivoci.

Questa ragazza bambina va aiutata a crescere, prima che venga colta dalla paura di diventare grande, o peggio, prima che venga colta da voglia di morte e di autolesionismo.

Niente paura! C'è ancora tempo.

Innanzitutto bisogna alimentare le amicizie della ragazzina con le coetanee e agevolare le attività sportive. In camera, per un periodo breve, si può tenere la porta aperta. È necessario che i genitori facciano capire alla figlia che la amano adesso tanto quanto ieri, ma in modo diverso.

Imbottitelo di merendine

Si dice che i nostri bambini siano obesi. Io, facendo ridere me stesso e gli altri, uso da qualche tempo il simpatico soprannome di cicciobello, applicandolo a buona parte dei figli delle mamme italiane.

Pare che la nostra penisola sia ai primi posti, con il 35% di ragazzi extra-large. A Teramo è nata un'esperienza di un centro sportivo italiano che, abolendo cure dimagranti e strani colloqui con gli psicologi, usa solo lo sport, e con risultati molto positivi, per far sparire la pancetta ai cicciobelli.

In otto giorni di campo residenziale, sono inseriti programmi e attività preparate con molta attenzione, che permettono ai nostri bambini di divertirsi, impegnandosi senza accorgersi in un training intelligente e carico di festosità, alla fine del quale vengono consegnati ai genitori con il peso forma proprio della loro età.

Sveglia presto, primo footing, colazione alle otto a base di latte, yogurt, fette biscottate e frutta. Mattinata di lunghe escursioni nel verde. Pranzo con menù caratteristico per gli sportivi. Un pomeriggio pieno di attività specificatamente sportive: psicomotricità, esercizi ginnici, giochi pilotati, molto nuoto, partitelle con sport di gruppo (pallavolo, pallacanestro, rugby, golf, ecc.). La cena ancora impostata su alcuni alimenti che quasi mai i cicciobelli mangiano.

Cuochi appositamente preparati educano e aiutano questi simpatici "atleti" ad apprezzare i sapori delle verdure, della frutta, dei formaggi, delle uova, e di altri cibi ecologici. L'ambiente è molto sereno, sono evitati tutti i lavori forzati e gli sport troppo faticosi. Non c'è la tv, i soldi vengono consegnati all'istruttore, niente bar per tenere lontani i ragazzi dalle classiche tentazioni (patatine e affini...).

Da vecchio prete dell'oratorio sono contento che lo sport venga usato anche per questi obiettivi. Se un dubbio mi resta, riguarda il ritorno di questi ragazzi a casa, dove troveranno la mamma di prima, il papà di prima, le patatine di prima, le brioscine di prima, e dopo qualche settimana, la pancetta di prima.

Deve essere il più bello

Negli Stati Uniti la mamme portano volentieri i loro figli, ancora piccoli, in clinica per massaggi, manicure e trattamenti vari. È moda di questi giorni andare dall'estetista non per risolvere problemi estetici delle mamme quarantenni, ma per prevenire eventuali disarmonie fisiche ai figli, soprattutto se adolescenti. Tale abitudine, in America, è iniziata dopo il terribile 11 settembre.

Lo stress, la paura, il malessere, in molti bambini causato dal non sapersi apprezzare, già esisteva prima. Tutto, secondo gli specialisti, è precipitato e ingigantito con la caduta delle due torri. La disperazione dei genitori ha trovato nelle beauty farm una via di uscita molto meno complicata delle vie classiche, cioè medicine, sedute dagli psicanalisti, lunghe attese nelle portinerie delle cliniche mediche, o peggio, psichiatriche. Subito la notizia mi ha un po' meravigliato. In seguito ho riflettuto e ho trovato dei perché che non vanno sottovalutati.

Moltissimi adolescenti, oggi, non si accettano: si pensano brutti, spaventosamente brutti.

Oggi, per un giovane, tutto ciò che non è bellissimo è brutto. Le fogge inspiegabili dei teen-ager non credo siano solo esibizionismo perverso e voglia di scandalizzare a ogni costo. Il corpo è stato per troppo tempo sacrificato allo spirito, al lavoro, al sudore, alla patria, all'ascesi.

Con il corpo, invece, dobbiamo fare i conti tutti. Fare le veline è stupido, ma star bene dentro se stessi è necessario. Credo che i giovani si nascondano dentro occhialoni, chiome policromatiche, piercing, chiodi, zoccoloni, pantaloni a zampa, magliette scarabocchiate, microgonne da bambole scanzonate, perché si disprezzano.

Noi stiamo ridendo troppo e riflettendo troppo poco su questo fenomeno che non va assolutamente banalizzato. In qualche ragazzo ci sono già i segni patologici della non accettazione di sé. E certi "fattacci" qualche interpretazione qui dentro la trovano.

Non mi scandalizzerei se questa moda entrasse anche in Italia. Meglio una seduta da un pranoterapeuta che il divanetto di una psicanalista? Non obbligatemi a darvi la risposta.

I malesseri sono tali che se bastasse un bagno aromatico, massaggi fatti bene, trattamenti antiacne che riportino all'esterno la bellezza incantevole dei nostri figli, per frenare suicidi, anoressie e sballi, non mi farei tanti scrupoli su eventuali sperimentazioni. Purché ci sia equilibrio, misura, e chiarezza. E la cura del corpo non diventi un'ossesione. Unica cosa che non vorrei assolutamente venisse fatta sono la manipolazione, l'intervento chirurgico e i ritocchi estetici.

Vademecum (infallibile) per tirarlo su male

1. FAR CAPIRE A TUO FIGLIO,
   NEL MODO PIÙ CONVINCENTE,
   CHE È NATO NEL MOMENTO SBAGLIATO
   O CHE LO ASPETTAVI DI SESSO DIVERSO.

2. «TESORO, MENO MALE CHE CI SEI TU!
   FOSSE PER TUO PADRE (O TUA MADRE)
   SAREI GIÀ SCAPPATA DI CASA».

3. «PER COLPA TUA NON MI SONO MAI
   GODUTO LA VITA».

4. «VUOI LA FETTINA O IL GELATO
   O LA COTOLETTA O LE PATATINE O.....?».

5. «CI ASPETTA MARCELLA NELLA BOUTIQUE
   DI VIA CONDOTTI. NON VORRAI ANDARE A SCUOLA
   COME UNO STRACCIONE?».

6. «ACCENDI LA TELEVISIONE
   E NON ROMPERE! HO DA FARE!».

7. «LA MAESTRA NON SA CHI SONO IO!».

8. «TRE SONO LE DISGRAZIE DELLA VITA:
   ESSERE BRUTTI, POVERI, SFIGATI!».

9. «TU SEI MIO, LO HAI CAPITO?
   QUINDI TI ISCRIVI A DANZA!».

10. «SE NON TI PIACE... QUELLA È LA PORTA!»

Come rovinare un figlio in dieci mosse

Dategli il nome di una moto

Quando eravamo poveri e avevamo poco da spartirci, volentieri si ricorreva al cielo per le cose grandi e le cose piccole. Proprio tra queste piccole ma significative cose, c'era il nostro nome.

I genitori, allora, gli davano grande peso, obbligando quasi tutti i santi del martirologio a proteggere le creature che avevano messo al mondo, e nel contempo obbligando le stesse creature a venerare e a invocare il santo di cui portavano con fierezza il nome.

I miei genitori, senza pretese di grandi fantasie, hanno chiamato me Antonio, essendo devotissimi del santo di Padova.

Iniziativa non condivisa dagli zii che, avendo le stalle piene di animali, avrebbero preferito l'Antonio Abate, potente protettore di ogni sorta di bestie. Io, povero ma non del tutto deficiente, li festeggiavo tutti e due, garantendomi così due pranzi dignitosi (allora non frequenti) e un regalino, che quasi sempre si esauriva nel dolce (la "brasadela") fatto in casa dalla nonna.

Dopo la seconda guerra mondiale, tutto si è laicizzato e politicizzato. I nomi, sulla spinta della pressione democratica, si tramutarono in nomi di destra o di sinistra.

Passate anche le ideologie, le mammine moderne si sono frettolosamente e gioiosamente ispirate ai personaggi televisivi. Cantanti, attori, dive, veline e sportivi hanno invaso le nostre case.

Speravo che il declino avesse raggiunto il fondo. No! Gli americani sono andati ben oltre. I piccoli di New York e dintorni, da qualche tempo portano i nomi degli stilisti, dei personaggi della moda e delle griffe. I gemelli d'ora in poi si chiameranno Dolce e Gabbana, le bambine e i bambini Chanel 5, Dior Junior, Prada boy, Honda bionda, Kawasaki baby...

Con un po' di pazienza l'ondata americana arriverà anche nelle nostre città. Nel frattempo i santi si sono traslocati e mi pare molto impegnati a difendere i numerosissimi bastardini che girano nei parchi e sui marciapiedi. Per i nostri figli il cielo è passato di moda. Basta una firma sulla maglia per aiutarli ad attraversare il mondo.

Vendetelo al successo fin da piccolo

Spaventa questa squallida compravendita di ragazzi che viene regolarmente consumata sotto i nostri occhi nel nome dello sport.

Vedere e sentire padri, allenatori e presidenti di società di calcio sbattere sul mercato figli e giovani atleti ancora bambini, come fossero carne da macello, ci permette di prendere le misure del livello di moralità e dello spessore della coscienza di quella parte di società che pensavamo onesta e pulita.

È inutile gridare contro politici e tangestisti, quando nel nostro piccolo tocchiamo questi "apici" di squallore.

Non è la prima volta che sono testimone, mio malgrado, di pressioni "indecenti" da parte dei genitori, perché la figlia o il figlio facciano provini in società di calcio famose, o perché possano accedere a programmi televisivi o a concorsi canori di un certo tipo.

Non posso accusare solo i genitori, non posso non accusare coloro che dietro "il teatro" tirano le fila, assieme ai genitori.

Ogni qualvolta che, leggendo il Vangelo, ci imbattiamo nella pagina in cui Giuda per trenta danari vende il Cristo, le reazioni dentro il nostro animo sono vivaci. Ci crediamo lontanissimi da questo modo di pensare e scandalizzati vorremmo che ciò non fosse mai accaduto.

A nessuno di noi salta per caso alla mente che vendere i nostri figli di pochi anni a una squadra di calcio è quasi più perverso e scandaloso?

La storia la si fa aiutando i nostri figli a sognare progetti forti e degni di essere vissuti. Sono loro i nostri "cristi". E noi corriamo il rischio, una volta ancora, di essere quegli ebrei ammucchiati nella piazza del tempio, rabbiosi e schierati dalla parte di Barabba.

Le priorità per le quali ci si gioca la vita non possono essere un campo di calcio, conquistato vendendoci e vendendosi.

Questi adulti, schifosamente sottomessi agli idoli del denaro e del successo, fanno retrocedere la storia e la relegano a ruoli di cronaca nera, rosa o gialla.

Essere a favore della vita non significa solo lottare contro l'aborto e contro l'eutanasia. Vuol dire anche dare alla vita, in ogni suo momento, lo spessore che si merita. Il tintinnio dei trenta denari ci dondola sulla testa e, non capisco perché, ci affascina ancora.

Come rovinare un figlio in dieci mosse

Lasciate che si annoi

«Non tormentate i bambini in vacanza». «Non mandate a lavorare, durante le vacanze, gli adolescenti, con la scusa che si devono guadagnare almeno i soldini per i libri». «Ricordiamoci che la noia ci salverà la vita». Sono slogan e ragionamenti che fior di specialisti stanno esibendo, avvalorandoli con il peso delle loro tesi.

Se per un verso ci sono delle ragioni per sbandierare tali teorie, per un altro verso credo che ci siano altrettante ragioni per dichiarare queste teorie malefiche e foriere di ulteriori disagi per i nostri figli. Troppa noia c'è già in giro! E di tale noia sono piene le strade, le discoteche e le facce "allucinate" dei nostri giovani.

Dobbiamo, invece, durante le vacanze, stancare, affascinare, sfiancare, impegnare i nostri figli. Per tutto l'anno hanno fatto la spola tra una scuola mai amata, un motorino adorato, una passeggiata stanca sulla via "delle vasche" e una notte settimanale piena di birra, chiasso, qualche spinello, stipati dentro sale sempre troppo piene e forse poco igieniche.

Mandare i figli a lavorare per far capire loro quanto "costino" i soldi, portarli a un campo scout, invitarli ad andare tre settimane in Africa ad aiutare i missionari, non chiamiamolo "iperattivismo" e nemmeno tormento. Farli affaticare fisicamente per motivi nobili e riempire la loro testa di "cose" meno scolastiche ma più "umane" è un dovere. Annoiarsi non è mai stato salutare!

Diciamo, invece, alle mammine italiane, che è iperattività trasportare i bambini come pacchi postali dalla scuola alla danza, al campo sportivo, alle lezioni d'inglese, e per centinaia di chilometri ogni weekend con code interminabili (per non fare parte delle cosiddette famiglie che non hanno soldi per "svernare" ogni sabato e domenica!). Forse dovremmo tornare a dare i significati veri ai sostantivi veri!

Fategli credere che la vita è un paradiso

È quanto mai difficile interpretare il suicidio di Francesco, ragazzo diciottenne di Ostia, nonostante l'abbondanza della documentazione.

Tralascio volutamente tutto quello che riguarda la preparazione dei venti minuti di video e le varie premeditazioni perché il suicidio riuscisse bene.

Mi soffermo invece sul secondo dei tre motivi che avrebbero dovuto giustificare il gesto insano. Francesco scrive: «Il primo motivo rimarrà un segreto personale che nessuno saprà mai. Il secondo è che voglio smettere di soffrire. Il terzo è che, visto che prima o poi tutti se ne vanno, non ho paura di agevolare questo processo».

Trovo nel secondo la chiave di lettura del doloroso episodio. Perciò torno su una vecchia mia tesi, che riscontro sempre più frequentando i giovani d'oggi: la profonda fragilità che loro presentano di fronte alla fatica di una vita vera, farcita di sconfitte, vittorie, limiti, attese e altri normalissimi disagi. Così almeno pensiamo noi.

Troppi crescono i propri figli, soprattutto nei primi anni dell'infanzia, convincendoli che la vita sia un paradiso terrestre, fatta più di balocchi che di dolori, più di capricci che di doveri.

Li abbiamo allevati come si allevano le piante di serra. Tutto è funzionato fino a quando i meccanismi della serra hanno riprodotto quell'atmosfera artificiale che ha permesso ai nostri figli di sentirsi bene, aldilà dei meriti e dell'impegno. Quando l'adolescenza li ha spinti a uscire per voglia di libertà, di autonomia, da questa atmosfera iperprotetta, è successo e sta succedendo di tutto.

La frase più sconvolgente dell'ultimo atto della vita di questo diciottenne è racchiusa in quelle due parole del secondo motivo: «Voglio smettere di soffrire». Tradotta in un linguaggio più accessibile e più veritiero, significa interpretare la vita di ogni giorno come fosse una sofferenza insopportabile.

Se non la smettiamo in fretta, noi adulti, di trattare le nostre creature come fossero piantine di bonsai, questi episodi si raddoppieranno tra lo sconcerto e l'incredulità di tutti noi. Torniamo a parlare di educazione. Intendendo, con la parola educazione, allenamento alla fatica, supporto per interpretare le sconfitte, pazienza e dialogo ininterrotto, proposta di gesti solidali e disaffezione da tutto quello che potrebbe far considerare la vita come un teatrino a puntate o una banale telenovela.

Incollatelo alla Tv tutto il pomeriggio

Il rapporto delicato fra la televisione e minori non è solo un problema ma è "il problema dei problemi".

Non so se i mass-media incantano di più i genitori o i figli. Molte volte non sono forse i genitori che, in mancanza di tempo e di pazienza, sostituiscono la loro voce materna alla voce ammaliante dell'audiovisivo?

Gli interessi di bottega, la labilità nei rapporti genitoriali, il fascino dell'irreale e l'immorale abuso del periodo infantile, barattato vergognosamente come oggetto di speculazione, hanno spinto il fenomeno ai limiti dell'isterismo collettivo.

I dati ci dicono che sono 87 i canali dedicati ai bambini, che la diffusione della televisione ha raggiunto il 70% delle famiglie e che i nostri figli sono incollati davanti all'"idolo" almeno quattro ore al giorno.

Credo che la cosa più saggia che ci rimane da fare possa essere una massiccia e intelligente mobilitazione della scuola e della famiglia, per innalzare baluardi critici e validi contro questo dissennato imperversare.

Da educatore, vorrei sottolineare due tra i più gravi pericoli nei quali, secondo me, possono incorrere i figli succubi della multimedialità. Il primo: l'incapacità, dopo un po' di tempo, di distinguere ciò che è reale e ciò che è virtuale attorno a loro. Secondo: il sovraccarico spaventoso di emozioni incontrollate e concentrate che esplodono dentro alla loro psiche fragile e ancora in via di formazione.

Abbiamo, nel modo più comodo per noi e più a rischio per loro, sostituito le indispensabili favole delle nonne e gli incanti innocenti dell'infanzia con i cartoni animati e con gli spettacoli più svariati e insulsi.

Veder crescere piccoli uomini e piccole donne infarciti di spot, di fiction e di videogiochi, è la sventura più grande che possa accadere alla nostra nazione.

Come rovinare un figlio in dieci mosse

Che differenza farà per un piccolo di cinque anni, incretinito dal bombardamento televisivo, uccidere il suo gatto vero o il suo gatto di peluche? E fermiamoci volutamente ai gatti!

Allevatelo in una serra

In un liceo laziale, si è buttato dal secondo piano un quindicenne terrorizzato per una normalissima e banalissima interrogazione di storia.

Da qualche tempo succedono fatti difficili da spiegare, per noi nati ai tempi della povertà e della fatica di vivere. Ricordiamo lo studente quindicenne che si è buttato dalla finestra della scuola per un due in inglese. Anche a Mantova, sempre un quindicenne si è impiccato dopo aver preso una nota sul diario. Qualcuno ci deve spiegare, ma non devono essere i soliti soloni, perché ragazzotti alti e grossi come querce sotto sotto siano più fragili di un cristallo.

Per una interrogazione in storia non si è mai spaventato nessuno. Eppure ci sono una professoressa in stato di shock, due genitori sconvolti, un dirigente scolastico che non sa darsi pace e una bidella col terrore negli occhi, perché è stata colei che si è vista cadere a pochi passi il ragazzo. Sarebbe troppo facile e forse troppo superficiale accusare come sempre facciamo la famiglia, perché troppo impegnata a lavorare. E sarebbe altrettanto banale puntare ancora una volta i nostri strali su una scuola che non funziona.

Non si nascondono solo qui le cause.

Se vogliamo essere onesti almeno nel periodo pasquale, ognuno di noi deve domandarsi dove sta sbagliando. Questa è una società che ha rarefatto i bambini, viziando quasi contro natura i pochi nati. Non abbiamo ancora imparato che le piante allevate per troppo tempo nelle serre, portate fuori dai loro ambienti artificiali, anziché rifiorire e crescere, muoiono e inaridiscono. È così anche per i nostri figli. Finito il tempo dell'iperprotezione, impreparati ad affrontare la vita quotidiana, anziché esplodere per la felicità e per la grande voglia di impegnarsi seriamente, si rinchiudono dentro le loro fragilità e le loro misteriose paure.

Come rovinare un figlio in dieci mosse

Se guardiamo fuori dalle nostre finestre è primavera inoltrata, ma se guardiamo dentro alle nostre case, forse la primavera è ancora troppo lontana.

Seminate nel vento

I fatti della vita ci obbligano di tanto in tanto a frenare sui nostri pensieri.

Troppo facile premere sul pedale della tragedia, o invocare l'aiuto dello psichiatra, o peggio ancora, fare dell'umorismo in attesa di giorni migliori.

Quando i nostri figli si uccidono, o uccidono, non possiamo non domandarci cosa sta accadendo e dove stanno le colpe e gli errori.

In questi tempi sembrano stravolgersi certezze e speranze, fino a ieri radicate profondamente nella storia della gente. Istinti selvaggi e mostruosi piombano sulle nostre case come cicloni e terremoti apocalittici, seppellendo in pochi secondi tenerezze, emozioni, ragionamenti, amicizie, amori, sicurezze.

Mentre stavamo ricostruendo con grande impegno le nostre città devastate dalla guerra e in preda alla povertà, non ci siamo accorti che il vecchio equivoco, nato attorno alla biblica torre di Babele, si riproponeva con accento ancora più tragico. Allora furono le lingue a non essere comprese, oggi sono le politiche, gli egoismi, le sopraffazioni, le aggressività, le solitudini, ad alzare mura altissime tra uomo e uomo.

Come nelle arene romane, una parte della società sente il bisogno di tornare alla criminalizzazione e alla instaurazione della legalità garantita, mentre l'altra parte banalizza il tutto con una leggerezza e un'idiozia sconvolgenti.

Evitiamo atteggiamenti teatrali e letture solo patologiche dei fatti! Recuperiamo il timone perché la tempesta si palpa e l'uragano si fiuta. Gli errori più gravi li abbiamo fatti travisando la quotidianità

Abbiamo seminato nel vento, e stiamo raccogliendo nella tempesta.

Fino all'altro ieri, la vita, da sola, era più che sufficiente per dare gusto alle vicende umane, perché era: semplicità, affetti

68   *Come rovinare un figlio in dieci mosse*

familiari, parsimonia, fatica domestica, lavoro agricolo, sacrificio, fede, patria. Pensavamo d'aver scacciato dai nostri cuori le ombre malefiche dei caini, affascinati dalla voglia di pace e giustizia. Invece, nella baraonda della nuova Babele, l'aggressività e la morte sono tornate a turbare i nostri sogni, a cavalcare i nostri relitti.

Battersi il petto oggi serve a poco. Abbiamo sbagliato, ma il tempo c'è per riparare e per rinascere.

È nel terminale di noi adulti il virus mortale. La vita è ricerca di liberazioni, di risposte nascoste dietro il sudore di fatiche subito credute inutili e di sconfitte lancinanti secondo noi ingiuste. Non è emissione di banconote, inseguimento dissennato dei piaceri, bellezza a qualsiasi costo, come abbiamo fatto intendere a noi stessi.

Dobbiamo tornare a rimettere la solitudine, il dolore, le regole, l'ascetica, prima nella nostra vita, per essere credibili quando le proporremo dentro la vita dei nostri figli.

Scambiare la famiglia come il luogo dove si depositano i panni sporchi e le giornate come coloratissime sequenze televisive è l'altro grande errore che ha disorientato i nostri giovani.

Il dramma non è solo l'elaborazione paranoica delle morti dei padri, ma la certosina e macerante autoeliminazione di ogni brandello di serenità che i nostri figli vanno progettando, tra il silenzio attonito della società distratta.

Una paraboletta ebrea narra:

«C'era una volta uno stolto così insensato che era chiamato Golem (cioè stupido). Quando si alzava al mattino, gli riusciva così difficile ritrovare gli abiti, che alla sera, al solo pensiero, spesso aveva paura di andare a dormire. Finalmente una sera si fece coraggio, impugnò una matita e un foglietto e, spogliandosi, annotò dove posava ogni capo di vestiario.

Il mattino seguente si alzò tutto contento e prese la sua lista. Il berretto: là, e se lo mise in testa. I pantaloni: lì, e se li infilò; e così via fino a che ebbe indossato tutto. Finita la fatica, sentì all'improvviso salire dentro di sé una domanda: "Sì, ma io dove sono rimasto?"».

Noi adulti abbiamo insegnato ai nostri figli tantissime cose, li abbiamo ricoperti di indumenti bellissimi. Abbiamo insegnato loro dove si trovano le scarpe, i telefonini, i motorini, i titoli di studio, le pizzerie, i luoghi di villeggiatura, gli amori stagionali, l'informatica, i bancomat.

Purtroppo non abbiamo insegnato loro le cose più faticose, importanti, necessarie: dove stanno il dolore, la pazienza, la gioia, la fede, la serenità. Abbiamo insegnato loro ad attingere l'acqua ai pozzi artificiali, e non a quei pozzi profondi, scavati nella roccia, dentro ai quali si trovano le sole acque che dissetano l'anima.

Come rovinare un figlio in dieci mosse

I dieci comandamenti del genitore fasullo

1. «LA VIRTÙ STA NEL MEZZO
   E PROCEDE SEMPRE A PICCOLI PASSI.
   È TROPPO FACILE ANDARE NEL FOSSO».

2. «L'OTTIMO È NEMICO DEL BENE.
   GIÀ FARE BENE IL BENE
   È MOLTO PIÙ FATICOSO CHE FARE BENE IL MALE».

3. «IL BENE NON FA RUMORE,
   RICORDATI DELLA FAMOSA PIANTA
   CHE CASCA E DELL'ERBA CHE CRESCE».

4. «L'UOMO È PER IL SABATO.
   A PROPOSITO DI SABATO,
   SE CE NE FOSSERO SETTE IN UNA SETTIMANA
   LA VITA SAREBBE PIÙ SEMPLICE».

5. «MEGLIO UN UOVO OGGI
   CHE UNA GALLINA DOMANI.
   ANZI POSDOMANI (VISTI I TEMPI CHE CORRONO)».

6. «ATTENTI ALLA MELA MARCIA,
   NE BASTA MEZZA PER BACARE TUTTE LE ALTRE».

7. «I SOGNI LASCIALI ALLE FAVOLE DELLE NONNE.
   BISOGNA ESSERE CONCRETI
   E TENERE I PIEDI PER TERRA».

8. «NESSUNO È MORTO PER UNO SPINELLO,
   PER UN LITRO DI BIRRA, PER DUE PASTICCHE
   E PER UN PASSAGGIO COL SEMAFORO ROSSO».

Se volete crescerlo male fate così

9. MEGLIO 100 GIORNI DA PECORA
CHE UNO DA LEONE.

10. SERVIRE DUE PADRONI NON SARÀ EVANGELICO
MA, IN FONDO IN FONDO, CHE MALE C'È
AD ACCENDERE UNA CANDELA
ALL'ARCANGELO GABRIELE
E UN MOCCOLO AL DIAVOLETTO?

Nel paese dei balocchi

Nel paese dei balocchi,
è d'obbligo sognare
o con l'ecstasy o con il Viagra.
Altri sogni sono vietati.

Nel paese dei balocchi,
i burattini sono veri,
i somari sono d'oro
e le colombe di piombo.

Nel paese dei balocchi,
le case sono depositi
di bottigliette mignon,
di targhe di macchine,
di lattine di bibite,
di ferri di cavallo,
di chiavi d'epoca.

Nel paese dei balocchi,
i bambini sono bambolotti,
i nonni sono elefanti,
i mariti sono dopati
e le mogli sono sterili.

Nel paese dei balocchi,
la giustizia si compera negli ipermercati,
la carità vale cento lire,
la fede è proprietà dei cavalieri del lavoro.

Nel paese dei balocchi,
si va a scuola per imparare le lingue,
per imparare a digitare,

per imparare le parolacce,
per imparare a scarabocchiare i muri.

Nel paese dei balocchi,
il Natale è una favola,
la Pasqua una scampagnata,
ferragosto un isolotto del Pacifico,
il due novembre una sfiga.

Nel paese dei balocchi,
i grandi sono piccoli,
i piccoli sono grandi,
gli uomini sono mammi,
le mamme sono part-time.

Nel paese dei balocchi,
si piange per nulla,
si ride per nulla,
si lavora per nulla,
si ama per nulla,
ci si sposa per nulla,
si sciopera per nulla.

Nel paese dei balocchi,
la politica è una chiacchiera,
il governo una fiera,
il parlamento una piazza,
i ministeri un appalto,
la burocrazia l'onnipotenza.

Nel paese dei balocchi,
gli spinelli sono liberi,
le sigarette proibite,
l'alcool è all'indice

Come rovinare un figlio in dieci mosse

la birra a fiumi,
il caffè fa male
e i pippotti ni!

Nel paese dei balocchi,
è proibita la caccia,
è vietata la pesca,
è consigliata la marchetta
è favorito il branco,
è protetto il gatto,
è violentato il bambino.

Nel paese dei balocchi,
il lavoro è un capriccio,
le ferie un dovere,
la macchina un dio,
il telefonino una necessità,
l'amicizia un optional.

Nel paese dei balocchi,
chi parla chiacchiera,
chi tace mormora,
chi canta sbraita,
chi cammina corre,
chi ride sganascia.

Nel paese dei balocchi,
è vietato sognare...
Perché il sogno non è un balocco.

I motti della famiglia... sbagliata

1. «URLA, URLA CHE TI FA BENE ALLA GOLA...».

2. «ROVINATEMI SEMPRE LA CENA
   CON LE VOSTRE PATURNIE...».

3. «DOMANI VADO DA MCDONALD'S!».

4. «L'INCOERENZA È SEMPRE STATO
   IL TUO FORTE, PAPÀ!».

5. «CICCIOBELLO SARAI TU! IO VOGLIO VIVERE
   E NON SOPRAVVIVERE COME HAI FATTO TU!».

6. «SEI PIÙ PREOCCUPATA DEI MIEI DENTI STORTI
   CHE DELLE MIE SOLITUDINI!».

7. «PERCHÉ DOVETE SEMPRE PARLARE
   DI PARRUCCHIERI, ESTETISTI,
   PALESTRE E VACANZE?».

8. «INNAMORARSI È UN PARADISO,
   AMARSI UN PURGATORIO!».

9. «MEGLIO 100 CAPRICCI CHE UN GIOCO!».

10. «I FIGLI SONO DIVINITÀ
    DAL CULTO TROPPO ESIGENTE!».

11. «C'È UN BUSSOLOTTO CHE HA SEMPRE RAGIONE!».

Come rovinare un figlio in dieci mosse

Seconda parte

SE VOLETE
CRESCERLO BENE
FATE COSÌ

Lettera ai genitori

Cari genitori, vi propongo un piccolo vademecum. **Educate i vostri figli a non dipendere dai farmaci.** La salute è un'altra cosa. Svuotate gli stipetti di casa dei farmaci inutili. Quasi tutti! È un consiglio meno balordo e strano di quanto immaginate! **Curate con particolare attenzione le frequentazioni dei vostri adolescenti.** Dal gruppo dipendono quasi tutte le scelte di valori e disvalori. Vi sono tre tipi di adolescenti da osservare con attenzione: i bulli, i gregari e i voltafaccia.

Impegnateli prestissimo in attività sportive, musicali, solidali, anche avventurose. Magari svolgetele insieme a loro. Il rischio, lo sballo positivo, la irregolarità virtuosa sono un robusto viatico preventivo.

Non date mai tutto e subito. Guai sbagliare le priorità. Evitate ogni eccesso. Se arrivano le difficoltà non sostituitevi mai ai vostri figli. State loro molto vicino, fate capire che ci siete. È più che sufficiente.

Fateli incontrare con personalità forti, profetiche, significative, ce ne sono tante. La frase: «Sei un mito» lasciategliela usare. È un'esplosione che aiuta loro a lasciarsi incantare. Il protagonismo adolescenziale parte da qui.

Ascoltate, parlate, perdonate. Imparate a capire il nuovo vocabolario dei vostri figli. Quando erano piccoli avete insegnato voi il vostro vocabolario. Ora diventate loro alunni. Sono cucciolotti che abbaiano alla luna e mostrano la dentatura perché manca loro il "padre" con il quale giocare.

Riprogettiamo presto luoghi e spazi per il divertimento. Divertirsi è d'obbligo per tutti, soprattutto per i giovani. La felicità è la grande sconosciuta dei nostri giorni.

Come capire se i vostri figli sono caduti in qualche trappola? Osservate se hanno paura di vivere, depressione, sbalzi d'umore, sonnolenza, isolamento.

Se volete crescerlo bene fate così

E poi facciamo il possibile perché la lotta all'ecstasy non divenga una nuova campagna.

Quando la smetteremo?

Facciamo la campagna contro le bombe antiuomo.

Facciamo la campagna contro la fame nel mondo.

Facciamo la campagna contro la coca.

Facciamo la campagna contro la pedofilia.

Facciamo la campagna contro la prostituzione.

Facciamo la campagna contro l'analfabetismo.

Facciamo la campagna contro la mafia.

Facciamo la campagna contro la guerra.

Facciamo la campagna contro la caccia.

...e poi non cambia nulla.

Se trasformassimo le campagne in vita quotidiana?

Sembra una frase fatta e troppo stantia. Non è vero. È solo una battuta fuori moda. Se Cristo avesse progettato la campagna del Vangelo e delle Beatitudini facendo una camminata in Palestina, poveri noi! Invece si è incarnato e ha dato significato e senso soprattutto alle piccole cose.

Riscoprite, ad esempio, la cena. L'atto più alto della nostra fede si consuma al tavolo eucaristico. Se è vero che la casa è una piccola chiesa, fate di tutto perché le vostre cene divengano occasione di dialogo proficuo, intenso, sereno con tutti i membri della famiglia. Dimenticate il lavoro e le vostre rogne professionali. Evitate i soliti e inutili brontolamenti. Scambiatevi gioie, dolori, paure, speranze. La verità e la vita si riscoprono più facilmente dividendo insieme il pane che discutendo dei massimi sistemi.

È per questo che Cristo si è voluto trasformare in una pagnotta spezzata e anche quest'anno nasce per rinnovare, con la sua luce, la nostra speranza.

Godete delle sue esplosioni

Il bello dell'adolescenza è la voglia di spaccare il mondo, attraversarlo, cambiarlo, conquistarlo. Ogni adolescente è come Ulisse.

Per lui, Scilla, Cariddi, i Ciclopi, la maga Circe, le avventure più pericolose sono bazzecole. Ha tanta birra in corpo, che da solo l'adolescente affronterebbe situazioni che un esercito intero non sarebbe in grado di affrontare.

In risposta a tale energia "atomica" e vitalità irrefrenabile, una tremarella endemica colpisce, in modo traumatico, tutti gli adulti.

Fino a ieri, poiché il territorio adolescenza non era ben delineato, genitori, docenti e animatori vari si arrangiavano con il metodo fai da te, forti delle proprie esperienze maturate. Oggi, tra le grandi possibilità che la società moderna offre ai nostri figli, c'è un passaggio preparatorio in più, prima di abbassare le ancore sulle sponde del mondo adulto.

Era più semplice prima o è meglio adesso? Ieri c'erano i bambini, i quasi bambini e poi i militari. Oggi ci sono i bambini, gli adolescenti, i giovani, gli adulti, la terza e la quarta età.

Le stagioni della vita sono sei. Ma la più affascinante, assimilabile alla primavera, è l'adolescenza. È un finale di fuochi d'artificio: fiori, colori, tuoni, temporali, alluvioni, stelle… Tutto è oltre misura, enorme, assordante.

Se tra le stagioni facessimo scomparire la primavera con i miliardi di fiori, mai arriverebbero l'estate e l'autunno con i frutti. Mentre per la natura il fenomeno lo invochiamo, per i nostri figli succede esattamente il contrario.

Diveniamo nostalgici del bambino che ci è scappato di mano, oppure invochiamo affannosamente l'estate dei frutti.

Torniamo, perciò, a godere delle esplosioni adolescenziali, abbandonando la logica dei ragionamenti e abbracciando quella delle emozioni. «Cercar di ragionare con la figlia sedicenne, a volte, è come cercare di dissuadere una mucca dallo starsene in mezzo alle rotaie. A lei non importa niente che arrivi il treno: ha trovato un posto che le piace e non si muoverà di lì. Però insisti. Far qualcosa, pensi, sarà sempre meglio di niente. Mostrarsi persuasivi, supplichevoli, offrire spiegazioni dovrà pur servire a qualcosa. Tu la pensi così, ma sbagli. In casi come questi meno fai, meglio è. Tua figlia ha bisogno di pazienza, più che di ragionamenti: più di una risata che di una sgridata».

Ho citato Jonathon e Wendy Lazear.

Il consiglio di uno psichiatra: rimanete uniti

Il mio amico Vittorino Andreoli, tempo fa, ha lanciato un messaggio fortemente impegnativo e certamente controcorrente. Il dibattito che ne è uscito testimonia l'interesse sul tema e la miriade di reazioni. Lanciato da lui, assume toni di un appello quasi da ultima spiaggia. Vorrebbe che i genitori, soprattutto in crisi, venissero obbligati a non divorziare e a non separarsi prima che i figli abbiano raggiunto almeno il quattordicesimo anno.

Posso capire tale messaggio lanciato da me prete. Ho sempre sottolineato, e non solo come prete, che il benessere dei figli va anteposto al benessere dei genitori. Quando un uomo e una donna, per esigenze di paternità e maternità responsabili, decidono di fare un figlio, devono anche avere il coraggio delle conseguenze fortemente impegnative e in un certo senso oblative che il nuovo inquilino messo al mondo richiede.

Oggi, più di ieri, il bisogno di appartenenza, di relazioni forti e di figure complementari (per intendersi bene, la presenza fondamentale attorno a un figlio di un maschio e di una femmina, oltre che di un padre e di una madre) esigono, senza discussioni parenetiche, un'attenzione che è fatta non soltanto di qualità nelle presenze, ma anche di quantità e di esclusività nelle presenze stesse.

Posso ampiamente giustificare questo S.O.S. di Andreoli, ritornando alle storie che ogni giorno incontra e che da qualche tempo sconcertano non solo lui. Chi lavora nell'ambito della famiglia e dei giovani capisce sempre più e sempre meglio che, laddove i rapporti parentali sono fragili, può accadere il peggio.

In un mondo egoistico, nel quale si consuma tutto il bene e tutto il male all'interno di questa cellula, sempre più protetta fisiologicamente da porte blindate, ma tagliata fuori psicologicamente dagli affetti veri, strappati a suon di dottrine ed enfatizzati con la "formuletta nucleare", l'unica scialuppa di salvataggio che resta è la solidità della coppia. Ma anche questa scialuppa sta per essere divorata dall'oceano.

Le risposte polemiche all'S.O.S. di Andreoli si sono tutte concentrate sulla pretesa di eroismo nella coppia che è insito dentro alla proposta dello psichiatra veronese. Non so che cosa significa eroismo. So, però, che nessun amore, a nessun livello, può essere definito tale, se non ha una forte percentuale di gratuità e di disinteressata offerta del meglio di sé.

Ci dimentichiamo spesso di un assunto quasi assurdo che definisce l'amore. Contro ogni dottrina, infatti, chi ama si identifica non appartenendosi, ma negandosi nell'altro. Quando Cristo, in una delle pagine più forti del Vangelo, dice che ogni seme per crescere deve morire, non risponde soltanto alla domanda degli apostoli, araldi della fede, ma soprattutto a chi fa della famiglia il nido dell'amore.

Ancora una volta i genitori potrebbero pensare che si voglia scaricare l'intera pattumiera dei disagi sociali solo sulle loro spalle. Non sia mai!

C'è solo un enorme bisogno che la famiglia torni a fare figli e a fare il suo mestiere. Cioè che i genitori non si convincano che è sufficiente generare per avere diritto ai nomi più veri che si acquisiscono in seguito alla generazione: divenire padri e madri. Niente è automatico, soprattutto di questi tempi. Le illusioni di uno stato assistenziale, di una scuola educativa, di una chiesa pastorale sono saltate una dopo l'altra.

Potrebbero avere senso e significato solo se venissero inquadrate come supporti benefici e integrativi al nucleo famigliare originale... e indissolubile.

Identikit del buon genitore

1. **RISPETTA I FIGLI.**
AI FIGLI VA RICONOSCIUTA
UNA PROPRIA PERSONALITÀ.
CI RISPETTERANNO DI PIÙ SE DIMOSTREREMO
DI SAPERE ACCETTARE ANCHE I LORO MODI
DI ESSERE CHE NON CI PIACCIONO.

2. **RISPETTA SE STESSO.**
UN GENITORE CHE SACRIFICA SE STESSO
E NON ASCOLTA I PROPRI DESIDERI
ABITUA I FIGLI A NON AVERE LIMITI,
LI PORTA A DIVENTARE EGOCENTRICI.

3. **DÀ AFFETTIVITÀ.**
L'ESPRESSIONE AFFETTIVA
(SORRISI, ABBRACCI, COCCOLE)
È UTILE PER RASSICURARE IL FIGLIO
SUL PROPRIO POSTO IN FAMIGLIA
E ANCHE NEL MONDO.

4. **DÀ DELLE REGOLE.**
I BAMBINI, GLI ADOLESCENTI,
HANNO BISOGNO DI LIMITI, DI REGOLE,
CHE RAPPRESENTANO UNA BASE DI PARTENZA
PER DARE UN SENSO ALL'AMBIENTE
CHE LI CIRCONDA.

5. **COSTRUISCE UN DIALOGO.**
È BENE COMUNICARE CON I FIGLI,
FACENDO ATTENZIONE ALLA PROPRIA CAPACITÀ
DI ASCOLTARE E DI AFFRONTARE I CONFLITTI.

6. **VALORIZZA I FIGLI.**
RINFORZA L'AUTOSTIMA DEI FIGLI E DÀ LORO
LA FORZA INTERIORE PER AFFRONTARE LA VITA.

7. **NON È AUTORITARIO.**
DIVERSAMENTE NON SI FAVORISCE
LA RELAZIONE E SI CREA SOLO RISENTIMENTO.

8. **NON È TROPPO PERMISSIVO.**
BISOGNA LASCIAR LIBERI
I PROPRI FIGLI DI ESPRIMERSI,
MA ALL'INTERNO DI LIMITI E DI REGOLE CHIARE.

9. **NON USA VIOLENZA FISICA O VERBALE.**
OGNI AZIONE VIOLENTA,
ANCHE SOLO VERBALMENTE,
SPEGNE LA POSSIBILITÀ DI AVERE
UNA VERA RELAZIONE AFFETTIVA.
CREA PERSONALITÀ VIOLENTE,
O TIMOROSE E INCAPACI DI ESPRIMERSI.

10. **GUIDA I FIGLI VERSO LA CRESCITA.**
TANTA PROTEZIONE, GUIDA E GIOIA DA PICCOLI,
E SEMPRE MAGGIORE AUTONOMIA
E RESPONSABILIZZAZIONE
MENTRE DIVENTANO GRANDI.

Il consiglio di un arcivescovo: passate più tempo insieme

Ha ragione l'Arcivescovo di Milano quando dice ai genitori di perdere più tempo con i loro figli. La frase è molto popolare e di immediata comprensione. Sono contento che proprio nei primi giorni del suo ministero pastorale Tettamanzi abbia privilegiato l'attenzione ai giovani. Potrebbe essere pensata come una risposta in tempi reali al vuoto delle nostre famiglie, alla difficoltà dei genitori di parlare con i loro figli, alla fragile e svampita società preoccupata molto più delle scarpe da tennis dei propri figli che della loro coscienza.

Milano, e la Lombardia più di altre regioni, rimangono quotidianamente sconcertate da numerosissimi fatti terribili che vedono protagonisti gli adolescenti. Fatti inspiegabili, oppure spiegabili solo se il vuoto dentro al cuore di tutti noi è molto più grande di tutta la storia dei nostri predecessori e delle profondissime radici che la cristianità ha profuso nella nostra Italia.

Abbiamo perso troppo tempo a farci domande, a ricercare soluzioni intellettualoidi ma poco incisive e per nulla concrete. Da che mondo è mondo, l'educazione ha dei postulati, pochi ma inderogabili, senza dei quali non potrà essere chiamata educazione. Il sociologismo imperante e le ideologie politiche per trent'anni hanno tentato di cancellare, nel nome di una libertà ibrida e perniciosa, proprio quei pochi postulati che rendevano possibile una visione etica e meno egoistica della nostra società.

I bambini, carinissimi nell'aspetto ma ancora animaletti dentro, sono molto più contenti e sorridono certamente di più quando secondiamo i loro capricci che quando tentiamo di convincerli di alcuni no, dei primi doveri, dell'attuazione di un galateo minimo, legato al controllo di sé e al rispetto degli altri. Deve essere successo qualcosa di molto grave in questo ultimo fine secolo, per originare fatti indescrivibili e sconvolgenti.

Camminare con i figli è sempre più difficile. Supporrebbe almeno chiarezza di obiettivi da parte dei padri. Invece, i quarantenni di oggi, prima di proporre obiettivi agli altri, dovrebbero riscoprire e ripescare tutto quello che hanno buttato via in nome di quella libertà sconclusionata e narcisista di cui parlavamo sopra.

Ha ragione il Cardinale quando parla di stare più tempo con i figli. Ma dovremmo discutere sulla qualità del tempo che trascorriamo con i nostri figli. Cosa ancora più difficile.

C'è troppa differenza di valutazione, dicono molti genitori, tra la nostra vita di pastori e la loro. Potrebbe essere vero solo in parte, perché più che la differenza è il vuoto di valutazioni che crea silenzi, incomprensioni e delusioni. Per essere pastori, non è sufficiente mettersi davanti al gregge.

È una fortuna che i due mondi si differenzino. È una disgrazia però se le due differenze annegano nel vuoto.

La storia cambia in virtù di questo elastico, più o meno teso, che collega il mondo dei figli e il mondo dei padri. Tutti siamo portatori, come dice la favola di Fedro, di due bisacce, da tenere rigorosamente sulle spalle. Secondo Fedro nella bisaccia davanti ci sono i difetti degli altri, nella bisaccia di dietro, i nostri.

Sarei felice se fosse ancora così. Almeno avremo qualcosa su cui litigare e su cui discutere. Ho paura invece che tutte e due le bisacce siano vuote. Per un motivo semplice e squallido: per faticare di meno. Vorrei chiudere l'articolo soffermandomi proprio sulla parola fatica, scomparsa dal nostro vocabolario. È scomparsa la fatica di crescere, la fatica di educare, la fatica di lavorare, la fatica di amare, la fatica di pregare, la fatica di studiare... la fatica di vivere.

Spiegategli il valore della fatica

1- La fatica aiuta a realizzare le proprie potenzialità.
Quando il nostro lavoro comincia a fruttare, ci sentiamo stimolati ad aumentare gli sforzi, perché intravediamo nuove possibilità. Il successo dà sicurezza in se stessi, e la sicurezza facilita ulteriori successi.

2- La fatica aiuta ad affrontare la vita.
La vita è dura. Ogni giorno ci si pone una scelta: recriminare per le difficoltà o combatterle. L'intenzione di mettercela tutta e un atteggiamento positivo sono gli strumenti migliori di cui si possa disporre.

3- La fatica fa sentire bene.
Non c'è soddisfazione maggiore di quella che si prova quando si è portato a termine un compito con la consapevolezza di avere fatto del proprio meglio.

4- La fatica tempra il carattere.
Nulla ci qualifica meglio della nostra volontà di investire energie. Lavorare con impegno e onestà fa risaltare quanto di buono c'è in noi.

5- Con la fatica ci si guadagna il rispetto degli altri.
Quando facciamo del nostro meglio con costanza, riscuotiamo ammirazione e conquistiamo la fiducia di chi ci circonda. Inoltre la nostra buona reputazione si rinsalda.

6- La fatica rafforza l'autostima.
Lavorando sodo senza risparmiarci acquisiamo maggiore stima di noi stessi. Che i nostri sforzi siano coronati dal successo o no, ogni tentativo compiuto ha su di noi un effetto positivo.

7- La fatica rafforza il significato di ciò che perseguiamo.
Lo sforzo al quale ci sottoponiamo per raggiungere le nostre mete è una delle esperienze più fruttuose della vita. Finché avremo un obiettivo, troveremo validi motivi per alzarci dal letto al mattino.

8- La fatica conduce ai risultati migliori.
Quando siamo produttivi, la vita è più interessante e piacevole. L'appagamento è il risultato di un impegno costante e libero da recriminazioni.

9- La fatica diventa un'abitudine.
Le buone abitudini sono tra gli ingredienti principali del successo. Le più importanti sono l'onestà, la cortesia e la costanza nell'impegno.

10- La fatica è salutare.
Quando lavoriamo duramente, utilizziamo il nostro corpo e la nostra mente in modo positivo, il che è estremamente benefico. Chi sfrutta a fondo le proprie energie guadagna salute e longevità.

Come rovinare un figlio in dieci mosse

Fotografia della famiglia giusta

1. **ORARI.** RISPETTATE GLI ORARI DEI PASTI (ALMENO QUELLO DELLA CENA!), ASPETTANDO CHE TUTTI SIANO ARRIVATI PER MANGIARE.

2. **PASTI.** BANDITE LA TELEVISIONE, LA LETTURA DEI GIORNALI E I TELEFONI DURANTE I PASTI (N.B. SOTTERRATE PER UN'ORA IL TELEFONINO!).

3. **DISCUSSIONI.** INTAVOLATE DISCUSSIONI SUI PROBLEMI SOCIALI, PERMETTENDO A OGNUNO DI ESPRIMERE LA SUA OPINIONE (N.B. PROIBITO PARLARE DI AFFARI E DI LAVORO).

4. **OSPITI.** LA FAMIGLIA APRE LA CASA AGLI AMICI, ANCHE I FIGLI DEVONO RICEVERE I LORO (N.B. UNA VOLTA ALLA SETTIMANA INVITATE UN POVERO).

5. **SVAGHI.** PROPONETE MOSTRE, CONCERTI, FILM E PASSATE QUALCHE SERATA CON GIOCHI DI SQUADRA E DI SOCIETÀ (N.B. PROPONETE TRE SERATE TELEVISIVE INSIEME, SUI DIVANI).

6. **TRADIZIONI.** TRAMANDATE QUELLE FAMILIARI E SOCIALI E PASSATE INSIEME COMPLEANNI E RICORRENZE (N.B. NON DIMENTICATE IL COMPLEANNO DELLA NONNA!).

7. **DECISIONI.** NON TEMETE DI COINVOLGERE I FIGLI NELLE DECISIONI IMPORTANTI (N.B. NON LO SONO LE DECISIONI SUI MOTORINI).

Se volete crescerlo bene fate così

8. **LAVORI.** COINVOLGETE I FIGLI FIN DA PICCOLI NELLA GESTIONE DELLA CASA (N.B. PREPARARE LA CENA, UNA VOLTA ALLA SETTIMANA, A TURNO?).

9. **PRIVACY.** NON SIATE INVADENTI, RISPETTATE LA RICERCA DI INTIMITÀ (N.B. NON SIGNIFICA CHIUDERE A CHIAVE LA CAMERA!).

10. **DIALOGO.** PARLATE DURANTE LA CENA DI COME È ANDATA LA GIORNATA (N.B. EVITANDO TRIBUNALI, SENTENZE, PUNIZIONI). SCOVATE UN SANO UMORISMO.

Come rovinare un figlio in dieci mosse

Regalate un diario... Tremenda

È nato un interessante dibattito, in seguito alla sentenza di un giudice: dava ragione a un padre il quale, molto preoccupato per la condotta problematica del figlio minorenne, è corso, senza troppi scrupoli, a sfogliare il suo diario.

Sono per il rispetto della privacy e per il diritto che ognuno di noi ha, grande o piccolo che sia, di proteggere spazi di intimità e di riservatezza, tutti suoi. Mi metto anche nei panni del padre in questione. Non voglio essere ipocrita e vi devo dire che, 99 volte su 100, avrei corso il rischio di comportarmi così anch'io.

Vi sono momenti nei quali noi grandi abbiamo il dovere di scegliere tra una norma di galateo e il rischio di perdere un figlio o un ragazzo che, travolto da fasi delicatissime della sua esistenza, sembra naufragare, incapace perfino di lanciare un S.O.S.

Qualche anno fa ho inventato anch'io un diario scolastico. L'ho intitolato "Tremenda". Avevo capito che troppi ragazzi si stavano isolando, tagliando drasticamente ogni via di comunicazione con gli adulti, soprattutto se genitori. Rimaneva, come una zattera di salvataggio, la voglia di scrivere e di sfogarsi con quel piccolo arnese.

Ai miei tempi veniva usato per segnare le interrogazioni e i compiti a casa. Oggi, fortunatamente o no, sembra rimanere l'unico amico, il confidente e l'altro canale, dopo la televisione (?), al quale consegnare le proprie turbolenze.

Da diverse indagini risulterebbe che circa il 33% dei ragazzi tra i 13 e i 18 anni parla solo con le Tremende e le Smemorande di turno.

Ho salvato due sedicenni, tempo fa, da un probabile suicidio, perché le due fidanzatine avevano intuito, attraverso i messaggi scarabocchiati sul diario "Tremenda", qualcosa che non andava...

Se volete crescerlo bene fate così

Sono contento che sia caduto in questo tranello un padre. Fino a ieri erano le madri ad agitarsi, in casi similari, a curiosare, a sbirciare.

Ben vengano i padri! La figura paterna va riscattata, riabilitata, reinventata, magari senza scomodare i tribunali.

Debbo, infatti, proporvi un'osservazione. Perché aspettare le rivelazioni dei diari? Possibile che non si trovino modi, tempi, dialoghi nei quali esprimere, con molta sincerità e trasparenza, i dubbi e le forti perplessità di un padre verso la condotta incomprensibile del proprio figlio adolescente?

Che cosa fa la mamma saggia

1. NON FUMA PIÙ DI SEI SIGARETTE AL GIORNO.

2. LA DOMENICA LEGGE UN LIBRO.

3. NON SPRECA TROPPI SOLDI IN VIAGGI E VACANZE.

4. NON PERDE TEMPO IN DISCOTECA.

5. NON GUARDA TROPPO LA TV, MA PARLA.....

6. NON SI FA TRAVOLGERE DAL LAVORO FRENETICO.

7. NON ESAGERA CON IL TRUCCO.

8. USA MENO L'AUTO E PIÙ LA BICI.

9. IMPARA A CONTEMPLARE.

10. DENUNCIA LE INGIUSTIZIE.

11. SI ASTIENE DAGLI ALCOLICI.

12. NON FA IL LIFTING.

13. DIFFIDA DELLA REALTÀ VIRTUALE.

14. NON EVADE LE TASSE.

15. PARTECIPA SEMPRE ALLE ELEZIONI.

16. NON FA SCIOPERI INGIUSTI.

Se volete crescerlo bene fate così

17. NON FRODA LE ASSICURAZIONI.

18. NON SCIUPA IL PANE E RICICLA I RIFIUTI.

19. NON FA DIETE, DIGIUNA.

Come rovinare un figlio in dieci mosse

Ripensiamo la famiglia

I preoccupanti segnali di disagio che investono il nostro tempo dovrebbero interrogare ogni adulto responsabile e chiamarlo con urgenza a svolgere una presenza più significativa negli ambiti vitali che sono: famiglia, lavoro, tempo libero, società, scuola e politica.

Ogni contesto deve tornare ad animarsi di eventi concreti, di situazioni peculiari, di vicende ricche di umanità, di consuetudini rivalutate.

In tutti i miei trent'anni di esperienza con i disperati, il momento preventivo ha sempre rappresentato lo strumento privilegiato per garantire speranze e progettualità, prima che la disperazione ci arrivi alle porte. Fermarsi solo alla disperazione è un gravissimo peccato per un educatore.

Per ribadire e confermare queste certezze pedagogiche, ho aperto sulle colline veronesi una struttura che ho chiamato con un titolo un po' roboante Università della Famiglia, identificando proprio nella famiglia l'unica intramontabile cellula di speranze vere e tangibili. Nella baraonda generale, la famiglia rimane sempre il seme anche per le città di domani.

La sua crescita è un insieme di condizioni difficili ma irripetibili, che allacciano la comunione tra individui, senza perdersi nell'anonimato delle moltitudini.

È un'espressione fondamentale di umanità comune, luogo primario di accoglienza e promozione delle diversità, di formazione alla vita affettiva, civica, religiosa.

Padri, madri, figli, prima di esercitare un ruolo, esprimono attitudini, vocazioni, limiti, risonanze, affetti irripetibili.

Come è nostro metodo, ho voluto, anche nel caso dell'Università, cogliere le persone "in situazione" con il loro carico di necessità, di difficoltà, di responsabilità, anticipando le verità scientifiche, per renderle funzionali allo sviluppo di un sapere integrale. La tecnica ripete nell'evolversi del tempo l'itinerario dell'uomo. Prima del sapere tecnico è il sapere narrativo che offre capacità di umanizzazioni e di personalizzazioni. Prima si vive, si testimonia, poi si racconta e si formalizzano teorie. Parlare di Università della Famiglia significa quindi costruire occasioni e percorsi teorici, sportivi, creativi, musicali ed emotivi.

Pensiamo la famiglia:
come testimone di un sentimento creativo,
come comunità fondativa e luogo di orientamento alla vita,
come progetto affettivo e di condivisione della quotidianità,
come trampolino verso la partecipazione civica,
come legame e continuità generazionale,
come organizzazione solidale e identità sociale,
come mondo,
come trascendenza.

Perché una scuola per le famiglie?

Perché la scuola esprime un orizzonte ideale di riferimento, piani didattici, processi evolutivi e verifiche permanenti.

La famiglia, come le persone che la compongono, è soggetto di una dinamica specifica, di un itinerario scandito dai cicli vitali propri delle stagioni della vita con attese, riti di passaggio, eventi critici.

Cito ad esempio: formazione della coppia, stagioni del matrimonio, nascita dei figli, consolidamento professionale dei genitori, adolescenza dei figli, uscita dei figli da casa, diminuzione dell'investimento professionale dei genitori, accudimento della prima generazione, pensione, malattia, distacchi, ecc.

In una cornice di accoglienza e con l'aiuto di formatori preparati, l'Università della Famiglia configura e offre tutto questo come uno spazio formativo capace di rispondere alle domande più diversificate e alle incertezze più attuali.

Concedetevi una settimana da frati

A Cavriglia, paese di novemila abitanti tra il Valdamo e il Chianti, il sindaco e alcuni studiosi hanno chiesto tempo fa a 74 ragazzi tra i sei e i dodici anni, che frequentano l'Istituto Dante Alighieri, di privarsi della televisione insieme alle loro famiglie per un'intera settimana.

Così ragazzi e genitori si sono dovuti inventare un programma alternativo fatto di giochi, di passeggiate, di attività sportive, di letture e di sfide organizzate nei cortili delle cascine. Il sindaco ha inoltre regalato un libro, in base all'età, da leggere insieme agli adulti e il gioco dell'oca sconosciuto a quasi tutti.

Questa interessante idea è scaturita da un gruppo di studiosi, che vorrebbero capire se sia vero o no che l'esposizione al video anticipa i segnali della pubertà nei nostri figli.

Spero tanto che addosso a questa settantina di ragazzi non si accendano troppi riflettori dei media, trasformando così la televisione da strumento di passività a protagonista dell'evento. Non so quanto si possa capire in una settimana su un tema così delicato e quanto sia ingenuo pensare che l'adolescenza precoce dei nostri figli si debba a quel bussolotto a colori. Credo, però, che farebbe bene un po' a tutti, ogni tanto, progettare periodi nei quali vivere senza televisione, senza telefono, senza macchina, senza motorino, e magari alimentandosi solo di frutta, verdura e acqua fresca. Non vorrei farvi ridere per l'ingenuità della proposta.

Se ci pensate bene, vi chiedo solo "una settimana da frati".

L'attività sconnessa e frenetica nella quale ci tuffiamo ogni giorno, a scapito dei nervi, del cuore e della testa, non deve diventare padrona di noi stessi, spegnendo il meglio che ci portiamo dentro. Fare un po' di deserto ogni tre mesi può essere una ricetta molto più valida che buttare i milioni in centri benessere o in richieste di analisi e check-up totali a studi medici o nelle cliniche specializzate. Dopo questi break benefici, tornando alla vita di ogni giorno, saremo come un motore che ha appena fatto il tagliando.

Tutto sarà più scorrevole, più naturale e meno faticoso. Soprattutto, sapremo fare uso delle stesse cose di prima: cioè della televisione, del telefono, della macchina e del motorino, con una briciola di saggezza in più.

Come rovinare un figlio in dieci mosse

Abbasso la televisione padrona

1. SPOSTATE LA TV IN POSIZIONE MENO DOMINANTE:
SE È MENO ACCESSIBILE,
DIVENTA MENO ATTRAENTE.

2. NASCONDETE IL TELECOMANDO.

3. TOGLIETE LA TV DALLA CAMERA DEI VOSTRI FIGLI.

4. TENETE SPENTA LA TV DURANTE I PASTI.

5. PONETE DEI LIMITI CHIARI
ALLA VISIONE DELLA TV.
MA IN TERMINI POSITIVI. ANZICHÉ DIRE:
«NON PUOI GUARDARE LA TV!»,
PROVATE A DIRE:
«SPEGNIAMOLA, COSÌ POSSIAMO....!».

6. EVITATE DI USARE LA TV COME BABY SITTER.
COINVOLGETE I BAMBINI IN ATTIVITÀ CASALINGHE.

7. PROCLAMATE CERTI GIORNI DELLA SETTIMANA
"TV-FREE-DAY", CIOÈ: «NON SI GUARDA LA TV!».

8. NON VI PREOCCUPATE
SE VOSTRO FIGLIO DICE CHE SI ANNOIA.

9. NON LASCIATE CHE LA TV PRENDA
IL POSTO DI CIÒ CHE È PIÙ IMPORTANTE:
LE CHIACCHIERE, IL GIOCO, LA LETTURA.

10. SE IN CASA NE AVETE TRE,
REGALATENE UNA ALLA CASA DI RIPOSO.

Imparate a usare il computer

Cari genitori, sarete storditi, come lo sono anch'io, perché un'altra ragazza è incappata nella trappola di uno dei tanti mostri informatici. Purtroppo si tratta ancora di un mostro di famiglia: il fidanzato.

Di conseguenza torniamo tutti a stramaledire i siti, a spaventarci per questi numerosi omicidi senza senso, ad accendere candele a Padre Pio. Come al solito vorrei essere molto chiaro con voi e dirvi quello che penso. Spaventatevi di meno e svegliatevi più. Quasi metà dei figli italiani hanno nella loro cameretta il computer. Glielo avete regalato voi, o gli zii o gli amici. Prima di fare entrare in casa certe cose, dovete conoscerle. Perdete meno tempo nel tirare a lucido il salotto e nel girovagare tra gli ipermercati per riempire insensatamente i carrelli.

Curate e osservate, se pur con delicatezza, come siete capaci quando volete, cosa fanno i vostri figli quando per ore cliccano davanti al computer. Siate meno ingenui e meno superficiali. I "solitari", sul pc, si fanno poche volte e stufano subito. La curiosità di un adolescente diventa avventura incontenibile quando annusa scoperte misteriose e rischiose.

In questo "affascinante bussolotto" purtroppo ci sta di tutto e di più. Certi errori da giovani si fanno non perché si è cattivi o strani, ma solo perché la voglia di esplorare è più forte di qualsiasi regola e norma. Ieri, voi genitori insegnavate alle vostre figlie come stirare, ricamare, fare le marmellate. E ai vostri figli come piantare chiodi, seminare l'insalata, sostituire le lampadine, aggiustare la tapparella. Per carità, non trascuriamo anche queste manualità, molto utili. Ma, ai nostri giorni, cercate prima di capire in quali pericoli incorrerete quando regalate certi "giocattoli" alle vostre creature.

Se prima di usare un motorino o una macchina si deve prendere la patente, prima di comperare un computer prendetevi anche voi una specie di patentino. È un dovere!

Come rovinare un figlio in dieci mosse

Sistemate così la cameretta

Abbasso le camerette. Vorrei tanto che tornassimo a una grande camera dove c'è posto per tutto e soprattutto per i figli fino all'adolescenza. Camera dove non ci sono pareti, dove i letti sono a filo del pavimento e dove i bambini possono addormentarsi senza bisogno di scalare cattedrali di letti e infilarsi tra le lenzuola che non fanno parte del loro normale paludamento.

Un bel pigiama, colori soffusi, piccole luci dovunque, quasi fosse un giardino fatato e una bellissima musica in sottofondo, magari di Mozart, che fa da ninnananna ai grandi e ai piccoli. Vedo già qualche genitore stralunare e farmi delle bocche strane.

Non parlatemi della privacy perché, se i genitori volessero fare l'amore, ci sarebbero 500 modi e 500 posti per farlo.

E se anche i bambini vedessero il dolce amplesso dei genitori, non sarebbe la fine del mondo. Mi intristiscono le nostre case bellissime, vuote di giorno perché tutti i membri della famiglia per ragioni varie sono fuori, e mute di notte perché ognuno, chiuso nella sua stanzetta, si fa gli affari suoi.

I dieci comandamenti del genitore vero

1. CREDE CHE È PIÙ BELLO DARE CHE RICEVERE.

2. AGGIUNGE UN POSTO A TAVOLA.

3. SA CHE I FIGLI NON SONO SUOI.

4. APRE I SENTIERI E SI "SPINA" PER PRIMO.

5. PERDONA SOLTANTO SETTANTA VOLTE SETTE.

6. SUGGERISCE LE REGOLE MA AIUTA
   CON LA PAZIENZA A VIVERLE.

7. SA CHE IL SILENZIO FORMA EROI,
   IL CHIASSO PARTORISCE MARIONETTE.

8. SA CHE IL QUOTIDIANO È IL LUOGO DEI MIRACOLI.

9. INCROCIA DIO NEGLI OCCHI DI CHI LO CIRCONDA.

10. TRASPONE LA VITA IN ESODO LIBERATORIO.

Come rovinare un figlio in dieci mosse

Rizzate le orecchie per capire se si fa le canne

Sintomi per i quali preoccuparsi:

1. Vostro figlio mostra un improvviso attacco di pacifismo, spesso legato all'abuso di reggae, di cappellini con la visiera e delle seguenti espressioni: «Sto tramato», «Sto crepato», «Sto rovinato», «Sto da buttà».

2. Vostro figlio rivela un'inspiegabile fiammata ecologica, che si manifesta sotto forma di amore per i parchi, i funghi, l'erba e le colture batteriche sui propri vestiti. Nei soggetti più gravi è possibile riscontrare la nascita di piante con foglie a cinque punte nei vasi del balcone.

3. Vostro figlio torna a casa senza togliersi la giacca, corre in cucina e si prepara una baguette con Nutella, speck e provola affumicata.

4. Vostro figlio inizia una collezione di pipette.

5. Vostro figlio si fa spedire a casa materiale informativo dal Ministero del turismo jamaicano e vi dà la buonanotte dicendo: «Bellaaaaaaaaa».

6. Ogni tessera nel portafoglio di vostro figlio perde centimetri quadrati. I biglietti del tram e da visita sono sempre strappati in striscioline di eguale misura e arrotolati.

7. Vostro figlio vi presta un accendino, voi l'accendete e la fiamma annerisce il soffitto.

8. Vostro figlio cerca di convincervi, indossando una maglietta crivellata, a votare Pannella alle prossime ele-

zioni, pronunciando un monologo delirante infestato dai «calcola» e concluso con: «In finale è così».

9. Vostro figlio si sveglia nel cuore della notte convinto di avere visto Berlusconi entrare dalla finestra per riprendersi l'euroconvertitore.

10. Durante i mondiali di calcio scoprite che vostro figlio intona fra i denti l'inno nazionale olandese e progetta segretamente un viaggio in camper verso Amsterdam con almeno due amici dotati di soprannomi incomprensibili.

11. Vostro figlio scoppia improvvisamente a ridere fino alle lacrime seduto sul divano, di fronte alla televisione spenta.

12. Vostro figlio lascia a essiccare al sole filamenti di banana («Questa la provo domani»).

13. Vostro figlio si dichiara nell'ordine: buddista, bonghista, anarchico, zapatista, rastaman, filo-palestinese, post-punk, no global, recordman di Winning Eleven e a metà della lista si dimentica di che cosa sta parlando.

14. Ma il modo più infallibile per determinare l'uso di queste sostanze consiste nel provare a sussurrare nel bel mezzo di un pranzo: «Chi mi fa un filtro?» e controllare le reazioni del soggetto.

Come rovinare un figlio in dieci mosse

Insegnategli a vincere

Se dovessi dire a me stesso dove ho sbagliato e perché ho preferito buttarmi negli anni Ottanta sui disperati del Parco Lambro, lasciando i normali e tutti gli altri in mano alla società dei consumi, dovrei tornare a rispolverare un postulato educativo che fino a qualche anno fa avevo relegato tra i principi diseducativi.

Dobbiamo insegnare ai nostri figli a vincere. Vincere in tempo di guerra significava uccidere gli altri, vincere in tempo di pace significa, invece, dare spessore alla nostra avventura umana. Trovare motivi interiori per scavalcare le mode e buttarsi sui sentieri scoscesi della ricerca di felicità e di benessere. Dobbiamo rendere difficile il bene perché divenga appetibile agli adolescenti.

L'errore più grande che sta facendo questa società è quello di rendere insulso il bene.

I giovani di oggi devono enfatizzare le quattro stupidate che fanno, come rubare i telefonini, sfondare qualche vetrina, correre agli incroci con il motorino e fumare gli spinelli.

Sono eroi del nulla, guerrieri della scemenza.

Se rendessimo molto più arduo e rischioso essere promossi a scuola, amare Dio, conquistarsi la mancia, riempire le domeniche, troveremmo i giovani più disposti a farlo.

Più regaliamo e banalizziamo le cose di ogni giorno, e più i nostri figli ce le sbatteranno in faccia.

Si racconta che un giorno il Dio Buono e il Dio Cattivo s'incontrarono sulla vetta della montagna.

Il Dio Buono disse: «Buon giorno, fratello».

Il Dio Cattivo non rispose.

E il Dio Buono disse: «Sei di cattivo umore, oggi».

«Sì», disse il Dio Cattivo, «perché in questi ultimi tempi mi hanno spesso scambiato per te, chiamandomi col tuo nome, trattandomi come se fossi te, e non lo gradisco affatto».

Il Dio Cattivo se ne andò maledicendo la stupidità degli uomini.

Questa storiella, per strana che possa essere, è di sconvolgente attualità. C'è al mondo un grande bisogno di adorare il Dio Cattivo, che si adira ogni qualvolta viene scambiato per il Dio Buono. Il dramma droga ha queste origini.

La prima volta, ognuno di noi ha voluto provare, per non essere confuso con il Dio Buono.

Le sette (più tre) regole d'oro per crescere bene

1. I FIGLI HANNO TROPPO, NON C'È DUBBIO.
IL CONSUMISMO FA SCOMPARIRE IL DESIDERIO
E APRE LE PORTE ALLA NOIA.

2. QUELLO CHE CONTA È L'INTENSITÀ,
NON LA QUANTITÀ DI TEMPO PASSATO
CON I BAMBINI. I PRIMI VENTI MINUTI
DEL RIENTRO A CASA DAL LAVORO
SONO FONDAMENTALI. DEVONO ESSERE DEDICA-
TI AL COLLOQUIO E ALLE COCCOLE. E NON CERTO
A CHIEDERE DEI COMPITI E DEI RISULTATI.

3. I GIOCHI PIÙ EDUCATIVI
SONO QUELLI CHE PASSANO
ATTRAVERSO LA FANTASIA DELLA MADRE
E LE MANI DEL PADRE: BASTANO DUE PEZZI
DI LEGNO. MA I GENITORI, ORMAI,
NON SANNO PIÙ INVENTARE.

4. DAI TRE AI CINQUE ANNI È BENE AVVIARE
I BIMBI AI LAVORETTI DI CASA,
ASSIEME AI GENITORI. È UTILE
CHE SAPPIANO STIRARE CON UN PICCOLO FERRO
O ATTACCARE UN BOTTONE.

5. SPORT: PRIMA DI TUTTO DEVE ESSERE VOSTRO
FIGLIO A DESIDERARLO. MEGLIO PRATICARLO
IN GRUPPO, FACENDOGLI CAPIRE CHE AGONISMO
SIGNIFICA EMERGERE CON FATICA
E NON DIVENTARE CAMPIONI. OTTIME
DUE O TRE ORE DI PALESTRA ALLA SETTIMANA.
POCA COMPETIZIONE, TANTO BENEFICIO FISICO.

6. VA INCORAGGIATA LA CULTURA ARTISTICA,
ABITUANDO I BAMBINI AL BELLO.
TEATRO, MUSICA, ARTI VISIVE REGALANO
IL DESIDERIO DI MIGLIORARE.
I SOLDI SPESI PER LA CULTURA
SONO QUELLI CHE RENDONO DI PIÙ.

7. METTETE UN SALVADANAIO SULLA CREDENZA
DELLA CUCINA. OGNI TANTO INSERITE
ALCUNI SOLDINI PER AIUTARE I BAMBINI ORFANI.

8. FATE IMPARARE AI BAMBINI, FIN DAI PRIMI ANNI,
NEL MODO PIÙ SIMPATICO
E MENO SCOLASTICO POSSIBILE, UNA LINGUA.
SERVIRÀ LORO PER GIRARE E PER SCOPRIRE IL PIÙ
PRESTO POSSIBILE IL RESTO DEL MONDO.

9. USATE UNA SETTIMANA DI FERIE PER VIVERE
INSIEME UN'AVVENTURA FORTE, SCIOCCANTE,
AFFASCINANTE, RISCHIOSA, POVERA.

10. ULTIMO SUGGERIMENTO: LE DONNE
CHE LAVORANO, IN MAGGIORANZA,
A FINE GIORNATA PENSANO GIÀ AI FIGLI,
ALLA SPESA, AGLI IMPEGNI IN CASA E RENDONO
POCO. NON SAREBBE MEGLIO LASCIARLE USCIRE
MEZZ'ORA PRIMA? I FIGLI, TORNANDO DA SCUOLA,
LE AVREBBERO A CASA MENO STRESSATE
E PIÙ DISPONIBILI. PIÙ CHE DI CORSI,
È DI QUESTO CHE I BIMBI HANNO BISOGNO.

Come rovinare un figlio in dieci mosse

Lasciatelo divertire

Posso capire la gente che si arrabbia perché i nostri giovani fanno chiasso anche di notte, impedendo la quiete e talvolta il sonno. Non capisco, però, perché la gente non si arrabbi quando, per quasi tutta la notte, dalle finestre spalancate dei palazzi, le televisioni gracchiano, facendoci vedere cose più o meno sceme.

I nostri giovani hanno diritto di divertirsi e dovremmo essere felici se stanno sotto la piazza di casa nostra, anziché correre all'impazzata sugli asfalti delle autostrade e lungo le stradine piene di curve dei laghi e delle costiere romagnole. Dovremmo preoccuparci molto di più ed esigere divertimenti sani, chiassosi quel tanto che basta e puliti. Per pulizia intendo assenza di droga, alcol, pasticche e porcherie varie.

Tappiamoci gli orecchi, come devo fare io tutte le notti a causa del traffico enorme e insopportabile che passa sulla tangenziale est di Milano, all'altezza dello svincolo della Gobba.

Concertini, complessi, partite di calcetto, gare di skatboard e di pattinaggio ben vengano.

Potremmo discutere, litigare sulle troppe bestemmie, su episodi di maleducazione indescrivibile, sui murales inverecondi, sui rumoracci dei motorini e sulle montagne di bottiglie di birra buttate in tutti gli angoli. Tutto ciò non dovrebbe far parte del divertimento "pulito", ma nemmeno delle pesanti multe e delle presenze ossessive delle forze dell'ordine.

I nostri giovani saranno molto più educati, se già nei primi anni di vita i genitori avranno insegnato loro che la buona educazione è più importante della seconda lingua e della scuola di danza.

Se non si parte dall'infanzia dei nostri figli, non possiamo immaginarci che debbano essere i carabinieri a completare o a correggere quello che noi non abbiamo mai completato e corretto.

Chiarite queste cose, lasciamo che i nostri giovani si divertano almeno una volta alla settimana e che possano godersi la notte del sabato in santa pace con i loro amici.

Queste metropoli, coperte di cemento e di smog, dentro le quali ognuno di noi è il cadavere di se stesso, nelle quali non c'è tempo per un ciao, per un abbraccio tenero, per una passeggiata non stregata dalle vetrine dei negozi, divengono sempre più assurde.

Gli unici che possono ancora riuscire a dare un volto, un sorriso, un po' di chiasso a questi palazzi dalle occhiaie vuote, sono solo i nostri ragazzi. Scatenare dietro di loro la polizia e penalizzarli durante quelle poche ore che possono autogestirsi, è perlomeno poco intelligente.

Qualche tempo fa, su un aereo che mi portava da Genova a Roma, ero seduto vicino a un quindicenne simpaticissimo, estroverso, e meravigliato di godersi la mia compagnia. Più volte mi ha domandato se ero io o non ero io. Abbiamo parlato di di scuola, di sport (juventino lui, interista io), di genitori, di fede, di discoteche. Le cose più interessanti sono uscite sul tema della notte. La tenerezza della notte non deve venire trascurata e non deve essere rapinata ai nostri figli.

Ho in testa un progetto che chiamo con nostalgia "I quattro cantoni". È semplice: sarebbe bello che ogni fine settimana, in uno dei quattro angoli della metropoli di Milano, a turno attivassimo la notte bianca, con tutto quello che ne consegue. Aperti bar, cinema, oratori, palestre, chiese, centri sportivi, parchi giochi, maneggi ecc… Invitiamo alcuni grandi cantautori, artisti e atleti, a mettersi a disposizione, esigendo cifre modiche, per manifestazioni popolari degne di tale nome. Milano ha risorse infinite in questi campi. I nostri giovani hanno diritto non di essere repressi, ma di essere accontentati e aiutati a interpretare nel migliore dei modi la foresta incolta dei sentimenti che portano dentro.

Come rovinare un figlio in dieci mosse

Come fargli sentire che siete sempre con lui

1. PREOCCUPATEVI DI SAPERE COME STA
   QUANDO È DA SOLO.

2. METTETELO IN CONDIZIONI DI "FARE DA SOLO",
   DI ACQUISTARE A POCO A POCO
   UNA PIENA INDIPENDENZA.

3. FATEGLI SAPERE CHE ANCHE QUANDO È SOLO,
   VOI SIETE SEMPRE "CON LUI". AIUTATELO A CAPIRE
   CHE DA SOLO PUÒ FARCELA.
   E CHE VOI SIETE COMUNQUE DUE PASSI INDIETRO,
   PRONTI A INTERVENIRE.

4. NON PREOCCUPATEVI SE, A VOLTE, SI ANNOIA:
   NON DOVETE PER QUESTO PIANIFICARGLI
   LE GIORNATE, COSTRINGENDOLO
   A UNA SERIE DI ATTIVITÀ CHE RISCHIANO
   DI DIVENTARE TROPPO PESANTI.

5. PREOCCUPATEVI, INVECE, QUANDO,
   PUR AVENDO AMICI E POSSIBILITÀ DI VINCERE
   LA NOIA, SI LASCIA ANDARE.

6. OCCHIO SE PREFERISCE I VIDEOGAME E RIFIUTA
   QUALSIASI ATTIVITÀ CON GLI AMICI.

7. «NON MI SENTO ABBANDONATO, MA SONO SOLO
   LASCIATO TRANQUILLO».
   ECCO CHE COSA DEVONO PERCEPIRE
   I NOSTRI RAGAZZI NELLA SOLITUDINE.

Dite sì agli sballi positivi

Di nuovo stiamo litigando sull'orario di chiusura delle discoteche e di nuovo io torno a ribadire alcune mie idee.

Sono convinto che i disastri del sabato sera non dipendano dall'orario di chiusura. Credo anzi che il grosso "problema discoteca" stia già passando di moda tra i giovani. Ci sono ben altri ambiti, luoghi, locali dove è molto più facile reperire alcol e droghe, per tutte le ventiquattro ore e con nessuno che "ti rompa le scatole".

Invece che litigare dobbiamo aiutare i nostri giovani a riempire di connotazioni felici i loro fine settimana. Perdiamo un po' più di tempo per inventare attività attraenti, ad altezza delle esigenze adolescenziali e che possano tenere fronte in modo adeguato a tutti i cercatori notturni di gioie indiscrete e ai limiti della trasgressione. Nessuno va in discoteca perché ha una voglia pazza di morire, ma perché ha troppa fretta di trovare felicità a basso costo. Dobbiamo confessare a noi stessi il vuoto di felicità che, essendo già dentro di noi, a nostra insaputa è ricaduto anche dentro ai cuori e agli animi dei nostri figli.

Proponiamo loro, come spesso vado dicendo ai ragazzi stessi, avventure degne di "sballi positivi". Gli adolescenti camminano per "vocazione" sui cornicioni dei campanili, lungo sentieri impervi e impossibili, alla ricerca di quelle emozioni che facciano dimenticare le monotonie quotidiane e le solitudini familiari.

Tutti capiamo che è molto più facile emanare normative restrittive che inventare luoghi di aggregazione, di amicizie, di attività sane. Purtroppo don Bosco e Baden Powell sono morti da troppo tempo e noi, loro seguaci, siamo più disponibili a guardare indietro, ripetendo pari pari quelle proposte, anziché faticare per tradurre con i linguaggi moderni quelle intuizioni storiche e rivoluzionarie.

Come rovinare un figlio in dieci mosse

Ho visto che il Parlamento ha approvato finanziamenti da erogare agli oratori. Purtroppo sono briciole, o per dirla come i bambini, cioccolatini. Dovremmo tutti avere più coraggio implementando questi tirchi bilancini. Riportiamoli dentro ai grandi preventivi, senza paura di togliere milioni di euro alla guerra, alla burocrazia, alle autostrade e alle megapensioni scandalose.

Mi pare che Sant'Agostino dicesse che chi canta bene prega due volte. Senza offendere Sant'Agostino e anche senza pretesa di offendere la Bibbia, potrei aggiustare la frase, così: «Chi gioca bene prega una volta e mezza».

Rivalutate l'oratorio

I sorrisini di chi la sa lunga si sono sprecati all'annuncio che gli oratori sono stati riconosciuti dal nostro Parlamento, con tre articoli di un disegno di legge, per la funzione sociale ed educativa che hanno svolto e svolgono tra i giovani. Alcuni banalizzano, altri sussurrano su connivenze con la destra, altri ancora, i puri e duri, si adirano: «Sono cose dell'altro mondo!».

Personalmente sono molto felice. Da tempi insisto, insieme con altri, sulla rivalutazione degli oratori. È un patrimonio di storia tra i più belli dei nostri ultimi due secoli. Fino a ieri più della metà dei nostri adulti è felicemente passata da quei cortili e ne ha dichiarato la positività. Oggi, purtroppo, per ragioni che a fatica giustifico, li abbiamo un po' trascurati. Nelle strategie pastorali, sono state privilegiate altre aggregazioni e modalità cristianamente più marcate.

Per me è stato un errore che stiamo pagando pesantemente.

I giovani normali, gli adolescenti hanno tantissimo tempo libero. La società è profondamente cambiata, manda a scuola, diversamente da ieri, tutti i suoi figli almeno fino a diciotto anni. Il bisogno di aggregarsi, di divertirsi, di giocare, è necessario almeno quanto il dovere di studiare e di lavorare. Pochi sono i luoghi sereni e armoniosi che possiamo offrire ai giovani. Sono nate le discoteche, le birrerie, i piano bar, i centri sportivi, i centri sociali. Ognuno di questi luoghi ha una finalità ben precisa ma, secondo me, parziale rispetto alle profonde esigenze dei nostri figli.

L'oratorio contiene tutte queste parcellità, con una ricchezza in più: sa dare un senso al divertimento, alla ricerca di felicità e di gioia. Don Bosco, educatore nato e uomo di sintesi concrete, ai giovani sbandati e annoiati della Torino dell'Ottocento, ha proposto il cortile come luogo ricco di significati non solo ludici.

L'aspetto, infatti, più affascinante e più pedagogico dell'oratorio è proprio il cortile. Il bisogno dei nostri figli di scaricare le aggressività e le infinite potenzialità fisiche, di giocare e di divertirsi è sconfinato, ma non trova risposte facili. La velocità dirompente dello sviluppo fisico dei nostri figli esige spazi, luoghi, tempi esteriori e interiori, su loro misura.

Il pallone, la chitarra, la batteria, il gruppo, il nuoto, il campeggio, il canto, raccolti dentro il contenitore "oratorio", permettono di ritrovare armonie tra fisico, psiche ed etica.

Non dobbiamo sottovalutare la cornice entro la quale i giovani si scatenano e si divertono. I disagi di oggi non sono dovuti a mancanza di qualche cosa, ma all'eccesso di tutto, a sovrapposizione di opportunità, a incapacità di catalogare le priorità, al facile contrabbando tra felicità e divertimento.

L'oratorio queste chiarezze le sa fare, con vantaggio per tutti. Per gli adulti che prevengono, per i giovani che si divertono serenamente, per la società che, riscoprendo il meglio della sua storia, riappacifica il presente con il passato.

Lettera del Tonino, figlio saggio, per la festa del papà

1. **Non viziarmi.** So benissimo che non dovrei avere tutto quello che chiedo. Voglio solo metterti alla prova e invitarti a fare il padre.

2. **Non essere incoerente:** questo mi sconcerta e mi invita a farla franca tutte le volte che posso. In più smettila di fare il babbo, il papi, l'amico, il mammone.... Voglio che tu impari a farmi da padre.

3. **Non fare promesse:** potresti non essere in grado di mantenerle. Questo farebbe diminuire la mia fiducia in te. Accontentati di fare proposte serie.

4. **Non correggermi davanti alla gente.** Presterò molta più attenzione se parlerai tranquillamente con me a quattr'occhi. Senza mia sorella. Da solo!

5. **Non brontolare continuamente:** se lo fai, dovrò difendermi facendo finta di essere sordo. Non è colpa dei semafori se c'è coda ogni sera!

6. **Non badare troppo alle mie piccole indisposizioni.** Potrei imparare a godere di cattiva salute, se questo potesse migliorare la tua disattenzione.

7. **Non preoccuparti per il poco tempo che passiamo insieme.** È come lo passiamo che conta. Però, se tu tornassi a casa prima qualche volta, mi faresti felice.

8. **Non permettere che i miei timori suscitino la tua ansia,** perché allora diventerei ancora più pauroso. Indicami il coraggio. Fammi capire che il coraggio è una virtù.

Come rovinare un figlio in dieci mosse

9. **Non dimenticare che non posso crescere bene senza molta comprensione e molto incoraggiamento**.... Ma non ho bisogno di dirtelo, vero?

10. **Ricordati, io imparo di più da un esempio che da un rimprovero.** Buon Natale!

Il figlio è il torrente, i genitori le sponde

Fare un figlio è facile, bello, alla moda.
Educare un figlio è difficile, poco bello,
per niente alla moda.

Adorare un figlio ti scappa dalla pancia,
ti viene spontaneo.
Amare un figlio non ti scappa dal cuore e, se ti scappa,
ti scappa con troppe intermittenze nervose.

Viziare un figlio è uno sport o uno spot.
Crescerlo è una fatica.

I bambini sono decorativi come i vasetti di ciclamini.
Purtroppo i ciclamini durano poco sul tavolo.

E se i bambini, invece, fossero come alberi?
Meno belli, meno colorati, ma robusti,
giganteschi e già "fuori casa"?

I figli sono aquiloni.
Prima o dopo ti chiedono di andare in cielo
a cercarsi un posto.

I figli non sono un torrentello tranquillo
e pieno di rane che cantano.
I figli sono torrenti impetuosi
che esigono soprattutto due sponde robuste.

I figli non sono pony che nel box
mangiano tranquilli le carote.
I figli sono puledri scatenati.
Non sopportano i recinti, esigono due braccia robuste.

Come rovinare un figlio in dieci mosse

e una longina "su misura".
A fare il genitore ti aiuta la natura.
A fare il padre e la madre non ti aiuta nessuno.

È più facile fare da "rosta" che da ponte.
Mai fermarti alle ombre. Cerca piuttosto la luce
che hai intravisto sotto la fessura dell'uscio.

Il valore del matrimonio non è che gli adulti
producano bambini, ma che i bambini producano adulti
(Peter de Vries).

Non c'è migliore terapia di una sudata!
Il dolore arriva sempre all'ora sbagliata.
Niente è bello quanto sembrava prima di possederlo.

Non far strisciare per casa tuo figlio,
quando sai che il suo istinto è quello di volare.

Indice

Stampa 2005
Società San Paolo, Alba (Cuneo)
Printed in Italy